श्री विष्णु कथा

चेन्नईवासी कला इतिहासकार नंदिता कृष्ण सी.पी. रामास्वामी अय्यर फ़ाउंडेशन और उसकी इकाई सी.पी. आर्ट सेंटर, द सी.पी. रामास्वामी इंस्टीट्यूट ऑफ़ इंडोलॉजिकल रिसर्च, सरस्वती बाल केंद्र और सी.पी.आर एन्वायरनमेंटल एजुकेशन सेंटर की निदेशक हैं। उनकी पुस्तकों में *द आर्ट एंड आइकॅनोग्राफ़ी ऑफ़ विष्णु नारायण*, *द आर्ट्स एंड क्राफ़्ट्स ऑफ़ तमिलनाडु*, *मैन्युस्क्रिप्ट पेंटिंग्स ऑफ़ सरस्वती महल लाइब्रेरी, तंजौर*, *बालाजी वेंकटेश्वर-तिरुमल, तिरुपति* और *गणेश* (अपनी मां शकुंतला जगन्नाथ के साथ) सम्मिलित हैं।

अनुवादक प्रतिमा पांडेय प्रतिष्ठित हिंदी दैनिक अमर उजाला के फ़ीचर विभाग में उप संपादक के पद पर कार्यरत हैं और पिछले पांच साल से अंग्रेज़ी और हिंदी लेखन से जुड़ी हुई हैं।

श्री विष्णु कथा

नंदिता कृष्ण

अनुवाद
प्रतिमा पांडेय

पेंगुइन बुक्स
पेंगुइन रैंडम हाउस इम्प्रिंट

पेंगुइन बुक्स

यूएसए | कनाडा | यूके | आयरलैंड | ऑस्ट्रेलिया | सिंगापुर
न्यू ज़ीलैंड | भारत | दक्षिण अफ्रीका | चीन

पेंगुइन बुक्स, पेंगुइन रैंडम हाउस ग्रुप ऑफ कम्पनीज़ का हिस्सा है
जिसका पता global.penguinrandomhouse.com पर मिलेगा

पेंगुइन रैंडम हाउस इंडिया प्रा. लि.,
चौथी मंजिल, कैपिटल टावर -1, एम जी रोड,
गुड़गांव-122002, हरियाणा, भारत

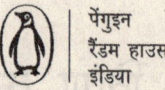

पेंगुइन
रैंडम हाउस
इंडिया

अंग्रेज़ी का प्रथम संस्करण: पेंगुइन बुक्स इंडिया, वाइकिंग 2001
हिंदी का प्रथम संस्करण: पेंगुइन बुक्स इंडिया, यात्रा बुक्स 2005

कॉपीराइट © नंदिता कृष्ण 2001, 2005
चित्रांकन कॉपीराइट © पेंगुइन बुक्स, 2001, 2005

चित्रांकन: अरविंदर चावला

सर्वाधिकार सुरक्षित

10 9 8 7 6 5 4 3 2

ISBN 9780144001378

टाइपसेट: यात्रा बुक्स, 203 आशादीप, हेली रोड, नई दिल्ली

मुद्रक: रेप्रो इंडिया लिमिटेड

www.penguin.co.in

FSC
www.fsc.org
MIX
Paper from responsible sources
FSC® C047271

This is a legitimate digitally printed version of the book and therefore might not have certain extra finishing on the cover.

विषय

भूमिका   1

विष्णु   5

मत्स्य अवतार   31

कूर्म अवतार   37

वराह अवतार   43

नरसिंह अवतार   49

वामन अवतार   57

परशुराम अवतार   63

मर्यादापुरुषोत्तम राम   71

योगीराज कृष्ण   83

शांति उपदेशक बुद्ध   101

कल्कि : अंतिम संहारक   109

अन्य अवतार और प्राकट्य   113

लक्ष्मी   121

वैष्णव पंथ   129

সূচী

भूमिका

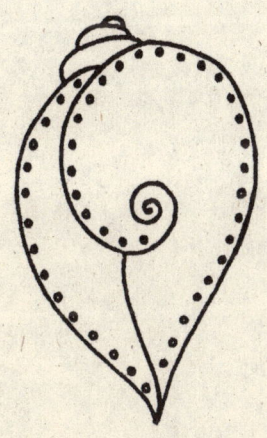

ब्रह्मा हिंदुओं के परमेश्वर हैं, सर्वोपरि, संपूर्ण सृष्टि की शाश्वत आत्मा। संपूर्ण ब्रह्मांड उन्हीं का प्रकट रूप है और उन्हीं से संपूर्ण जीवन की उत्पत्ति हुई है। वे निराकार, निर्गुण, नर-नारी के भेद से परे, असीम, अनादि व अनंत हैं। वे हमारे अंदर और बाहर चारों ओर व्याप्त हैं। प्रत्येक हिंदू का लक्ष्य होता है कि वह जन्म, मृत्यु और पुनर्जन्म के कर्म-चक्र से मुक्ति प्राप्त कर मोक्ष पा सके, जो कि परमात्मा के साथ एकाकार हो जाना ही है।

निर्गुण या निराकार ब्रह्म सामान्य व्यक्ति को समझ में आ जाएं, इसलिए ब्रह्म आकार और गुणों से युक्त सगुण रूप धारण करते हैं, यही हैं ईश्वर, जिनके इस रूप पर मन को एकाग्र कर हम ध्यान लगाते और प्रार्थना करते हैं। ईश्वर जब सृष्टि की रचना करते हैं, तब उनके उस रूप को ब्रह्मा नाम दिया जाता है, जब वे रक्षा करते हैं, तो उन्हें विष्णु कहा जाता है और जब वे दुष्टों का नाश करते हैं, तब उन्हें शिव रूप में जाना जाता है। ये तीनों रूप त्रिगुण या त्रिमूर्ति की रचना करते हैं, जो ब्रह्मांड और उसकी प्रक्रियाओं को नियंत्रित करती है। पर जहां एक ओर सृष्टि-रचयिता ब्रह्मा की पूजा ज़्यादा नहीं होती और वे दर्शनशास्त्र के विकास से कहीं ज़्यादा जुड़े हैं, वहीं शिव और विष्णु के भक्त बड़ी संख्या में हैं। इन्हीं के साथ देवी और कुछ अन्य देवता जैसे गणेश और कार्तिकेय वर्तमान हिंदू समाज में अधिक प्रचलित पूजनीय देवता हैं।

हिंदू मान्यता के अनुसार, विष्णु पालक हैं, संन्मार्गियों और संतों के रक्षक व धर्म, सद्चरित्र व नैतिकता के संस्थापक हैं। वे नारायण अर्थात आत्माओं की शरणस्थली हैं, परम भागवत अर्थात सर्वोच्च सत्ता और अज अर्थात् अजन्मे हैं। वे दयालु हैं और सर्वोच्च स्वर्ग व पवित्र आत्माओं के गंतव्य स्थल वैकुंठ के

अधिपति हैं। पालक रूप में वे अपने भक्तों को ऐश्वर्य सुख देते हैं। भौतिकता के इस युग में इसी कारण उनकी लोकप्रियता कई गुणा बढ़ जाती है।

विष्णु रूप का चित्रांकन खड़ी मुद्रा में या अपने वाहन गरुड़ पर आसनासीन रूप में भी होता है। नारायण रूप में उनका चित्रांकन आदि जल में आसीन अनेक फणों वाले सर्प से निर्मित शय्या ''आदि शेष या अनंत'' पर विश्राम करते हुए भी किया जाता है। विष्णु जी की सामान्यतया चार भुजाएं चित्रित की जाती हैं, जिनमें वे शंख, चक्र, गदा और पद्म धारण किए होते हैं यद्यपि कुछ रूपों में उनकी ज़्यादा या कम भुजाएं व आयुध दर्शाए जाते हैं। उनकी संगिनी लक्ष्मी या श्रीदेवी हैं। वे समृद्धि की देवी हैं, जिनकी उत्पत्ति आदि जल से हुई है। वे कमल आसन पर विराजमान चित्रित होती हैं और हाथ में भी कमल धारण करती हैं। कुछ चित्रों में विष्णु को भूदेवी अर्थात धरती माता के साथ भी चित्रित किया गया है।

धर्म के असुरक्षित हो जाने पर भले लोगों की दुष्टों से रक्षा के लिए धरती पर अवतार लेने की क्षमता विष्णु का सबसे महत्वपूर्ण आयाम है। यह अवतार मानव रूप में, अर्धमानव रूप में या फिर पशु रूप में भी होता है। प्रचलित मान्यता के अनुसार विष्णु के दस अवतार हैं, इनमें अंतिम अवतार प्रकट होना अभी बाकी है। सभी अवतारों में से दो–राम और कृष्ण, भारत के दो महाकाव्यों–रामायण और महाभारत के केंद्रीय चरित्र हैं और इनके भक्तों की अलग-अलग व बड़ी संख्या है। उनकी लोकप्रियता ने विष्णु और वैष्णव मत के विकास में बड़ा योगदान किया है।

विष्णु

विष्णु

विष्णु एक प्राचीन देवता हैं, जो सर्वप्रथम ऋग्वेद में वर्णित हैं, जहां उन्हें आदित्य अर्थात सौर चक्र का देवता बताया गया है और वे अदिति के पुत्र हैं, जो कि सभी देवताओं की माता हैं। प्राचीन वैदिक धर्म स्वभावतया गहन प्रकृतिवादी था, जिसमें सभी देव अर्थात चमकते पुंज (जिसका ईश्वर के अर्थ में प्रयोग बहुत बाद में हुआ) प्रकृति के ऐसे तत्वों के रूप थे, जिनपर मानवों का कोई नियंत्रण नहीं हो सकता था। सूर्य के पृथ्वी पर सभी प्रकार के जीवन का स्रोत होने के कारण, अधिकतर वैदिक देवता प्रकृतया सौर मंडल पर आधारित थे।

ऋग्वेद के विष्णु प्रकाश का अभिव्यक्त रूप हैं। उनका शीश देवताओं ने योजना बनाकर शरीर से अलग किया, जो कि सूर्य बन गया। वे चक्र जैसे सौर वर्ष के रचयिता हैं, जिसमें उन्होंने अपने दौड़ते हुए नब्बे घोड़ों और चार को गतिमान किया। वेद का कहना है कि ये नब्बे घोड़े प्रत्येक ऋतु के दिनों के द्योतक हैं और चार, चार ऋतुओं के...

ऋग्वेद के अनुसार विष्णु की अद्वितीय क्षमता यह है कि वे संपूर्ण सृष्टि को तीन डग में ही नाप लेते हैं। मनुष्य जानता है कि पहली और दूसरी स्थिति कौन सी है, जहां विष्णु के डग पड़ते हैं। वे उदय और अस्त होते समय सूर्य की स्थितियां हैं। तीसरे स्थान का ज्ञान एकमात्र विष्णु को है। वह है आकाश का उच्चतम बिंदु अर्थात् मध्याह्न का सूर्य। भक्त इसी बिंदु की कामना करते हैं। किंतु पवित्र आत्माएं ही देहांत पश्चात वहां जाकर निवास करती हैं। हर प्रकार की आध्यात्मिक उपलब्धि का यही लक्ष्य है। विष्णु के डग से उड़ी धूल ही सूर्य

रश्मियां हैं, जो सृष्टि को व्याप्त करती हैं। इन डगों से वे आकाश को स्थापित करते हैं और सृष्टि-व्यवस्था चलती है।

वेदों में विष्णु इंद्र के सखा और सहायक हैं। इंद्र वर्षा, वज्र और प्रभंजन के देवता हैं। दोनों मिलकर वृत्र नामक दैत्य का अंत करते हैं। यहां विष्णु सूर्य हैं, इंद्र वर्षा हैं और वृत्र अकाल या सूखा की संज्ञा है। बारी-बारी से इंद्र और विष्णु को वृत्रहन कहा गया है, जिसका अर्थ है वृत्र का वध करने वाले। सूखे की कहानी उतनी ही पुरानी है, जितनी कि भारतीय सभ्यता स्वयं। वैसे वर्णन का यह कालखंड तब का है, जब सरस्वती नदी, जो पश्चिमी भारत को हरा-भरा रखती थी, सूखने लगी थी और मरुस्थल फैलने लगा था। इन परिस्थितियों में सूर्य की स्तुति की गई कि वे वर्षा लाएं और भक्तों को समृद्ध कृषि-उपज दें।

ऋग्वेद के अनुसार विष्णु यज्ञ के रक्षक हैं। वे यज्ञरूप हैं, यज्ञ के फल प्राप्त करते हैं और यज्ञ में कोई दोष होने पर उसके दुष्परिणाम टालते हैं। ब्राह्मण काल में, जब यज्ञ सर्वोपरि बना, तब उनका यही गुण सभी देवताओं में उन्हें सर्वोच्च बनाने में बहुत महत्वपूर्ण रहा। शतपथ ब्राह्मण की एक कथा में विष्णु के देवाधिदेव बनने की कथा स्पष्ट की गई है। देवताओं ने एक सत्र मनाया, यज्ञ सत्र। यह निर्णय किया गया कि अपने कार्यों के आधार पर जो देवता सर्वप्रथम यज्ञ पूर्ण करेगा, वही देवाधिदेव के रूप में प्रतिष्ठित होगा। विष्णु ने सर्वप्रथम पूर्णता प्राप्त की और इसीलिए सर्वोच्च देवता बने।

ऋग्वेद के विष्णु पर्वतों से संबद्ध हैं। उन्हें गिरीक्षित या गिरीष्ट कहते हैं। यह संदर्भ बहुत प्रचलित या स्पष्ट नहीं है, क्योंकि विष्णु की प्रचलित धारणा या तो कृषि आधारित है

या फिर जल आधारित। पूजा पद्धति में विकास के साथ अन्यान्य देवता, जो वैदिक काल में प्रमुखता से पूजे जाते थे, गौण होते गए, जबकि विष्णु की लोकप्रियता और शक्ति बढ़ती गई। इतनी कि वे हिंदुत्व के सर्वोच्च शक्तिमान देवताओं में से एक बन गए।

उनकी प्रभुता के इतने अधिक विस्तार का कारण था उनकी दयालु प्रवृत्ति, जिसके संदर्भ स्वयं ऋग्वेद में पाए जाते हैं। विष्णु का अर्थ है सर्वव्यापी, वे सर्वव्यापी सूर्य हैं, जिसकी किरणें धरती को व्याप्त करती हैं। वे यज्ञ की रक्षा करते हैं, वर्षा लाते हैं और मुक्त आत्माओं के परम धाम हैं। उनकी स्तुति से समृद्धि, कल्याण, संपत्ति और सुरक्षा मिलती है। अपने भक्तों की रक्षा के लिए वे तीन डग भरते हैं। परोपकार, कल्याण भावना और भक्तों की पुकार पर तुरंत दौड़ पड़ना—ये लक्षण ऐसे हैं, जो भौतिकता में फंसे विश्व में उनकी लोकप्रियता बढ़ाते गए और इसी कारण उन्हें अनेक अवतार लेकर विश्व में आना पड़ा। वसु भी उनका नाम है, जिसका अर्थ है समृद्धि। स्वर्ण से उनकी उपमा दी जाती है, जो सूर्य का वर्ण है। वे पशुधन के देवता भी हैं, जिसे समृद्धि का प्रतीक माना जाता है।

सृजक ब्रह्मा और संहारक शिव के साथ मिलकर पालक विष्णु त्रिमूर्ति का एक अंग बन गए और वैष्णव जन तो उन्हें साक्षात परमात्मा मानने लगे।

नारायण

विष्णु का प्रमुख रूप नारायण का है, जो मुक्तात्माओं की शरण-स्थली हैं। ऋग्वेद में 'परमम् पदम्' का वर्णन आता है,

जो विष्णु के तीसरे पग का स्थल है, आकाश का सर्वोच्च बिंदु, मुक्तात्माओं का गंतव्य। नारायण जल में विश्राम करते हैं, उनकी नाभि से एक कमल दंड निकलता है, जिसके अंत में कमल पुष्प है, जिस पर सृष्टिकर्ता ब्रह्मा बैठे हैं। प्रत्येक युगांत में अधर्म का नाश होता है और धरती जल-प्रलय और अंधकार में डूब जाती है। तब नारायण नया विश्व रचते हैं और मानवों को पुनः उत्तम बनने का अवसर देते हैं। सहस्त्र फण वाले नाग रूप में चित्रित जल पर वे विश्राम करते दर्शाए जाते हैं, या उन्हें बाल रूप में एक पत्ते पर तैरते हुए भी दिखाया गया है।

विष्णु की अपेक्षा नारायण रूप अधिक जटिल है। नारायण नाम का उल्लेख पहली बार शतपथ ब्राह्मण में मिलता है, यद्यपि यहां विष्णु का संदर्भ नहीं है। प्रारंभिक वैदिक काल में परमात्मा का नारायण रूप अज्ञात था, क्योंकि उनका चरित्र बहुत बाद में महाकाव्य काल में विकसित हुआ है। महाभारत में कहा गया है कि जल को परमात्मा ने *नर* नाम दिया और जल उनका निवास बना, तो उनका नाम हुआ नारायण। किंतु संस्कृत में जल को *आप* कहते हैं, सभी द्रविड़ भाषाओं में जल को *नीर* या *नीरू* कहा जाता है। फिर निवास को *अयन* कहा गया है। किंतु संस्कृत में निवास को *आयतन* कहते हैं। द्रविड़ भाषाओं में *अय* का अर्थ है *लेटना* या *निद्रा जैसा चेतनाशून्य होना*। *अन* का प्रयोग शब्द को पुरुषवाचक बनाने के लिए होता है।

अतः नारायण अवैदिक देवता प्रतीत होते हैं, जो संभवतः द्रविड मूल के हैं। कालांतर में वैदिक विष्णु में उनका विलय हो गया।

अथर्ववेद में एक महत् यक्ष का वर्णन है, जो सृष्टि के

बीचोंबीच सागर पर शयन करता तपस्यारत है, जिस पर देवता उसी प्रकार स्थित हैं, जैसे वृक्ष पर शाखाएं। यह यक्ष परमात्मा के शब्द समझता है और रहस्यमय जीवन-तत्व का अधिष्ठाता है। यह ऐसा प्रथम वर्णन है, जो बाद में रचे गए साहित्य में वर्णित नारायण के स्वरूप का आधार बना, जिससे सृष्टि के वृक्ष की अवधारणा जन्मी। यक्ष वेद इतर देवता हैं और ऐसी आत्माएं हैं, जो प्रकृति पूजा से जुड़ी हैं। वनस्पति, वृक्ष, जल इनके आवास हैं और बौद्ध, जैन मतों में ये अति प्रचलित हुए। बाद में ये पूजा पद्धति से हट गए, किंतु स्थानीय संप्रदायों और प्रथाओं में ये जीवित हैं।

महाप्रलय में अनंत जलराशि को पार करने के लिए ऋषि मार्कंडेय तैर रहे थे। महाप्रलय ने पृथ्वी की समस्त रचनाएं नष्ट कर दी थीं। ऋषि को एक पेड़ की शाख पर विश्राम करता शिशु दिखा। दृश्य से चकित ऋषि ने शिशु से उसका परिचय पूछा। शिशु ने बताया, ''अति प्राचीन काल में मैंने जल को नर की संज्ञा दी थी, क्योंकि वह सदैव से मेरा स्थान है, इसलिए मुझे नारायण कहा गया है।'' तब नारायण ने सृष्टि की रचना, स्थिति और प्रलय का श्रेय लिया। प्रचलित चित्रकला में एक पुष्पदल पर तैरते हुए शिशु का चित्र आज भी मिलता है। अनेक प्राचीन तमिल जनजातियों और वंशों का उद्भव नारायण के इस रूप से जुड़ा है। ये कथाएं और अन्य अनेक साक्ष्य संकेत करते हैं कि नारायण जल के वेद इतर देवता हैं, जिनका संबंध वैदिक सौर विष्णु से जोड़ कर पूर्ण परमात्मा का रूप दिया गया, जो हिंदू धर्म के सर्वशक्तिमान देवताओं में से एक

माने गए। दो रूपों के एकीकरण—नारायण और विष्णु ने देवता की लोकप्रियता एवं विकास में योगदान दिया।

भारत से बाहर के सूत्र

वैदिक आर्यों और प्राचीन ईरानियों के संपर्क सुविख्यात हैं। वैदिक काल के पश्चात प्रचलन में आई ज़ॉरोस्ट्रियन गाथाओं के अनुसार शत्रु आक्रमण पर विजय पाने वाला वरेत्रघ्न समुद्र में जन्मा था। उसके दश अवतार हुए हैं—वायु, वृष, अश्व, उष्ट्र, वराह, पंद्रह वर्षीय किशोर, काला कौआ, भेड़, हिरन और संपूर्ण नायक। वरेत्रघ्न नाम वेद के वृत्रहन नाम से मिलता है। जो समान रूप से इंद्र और विष्णु के लिए प्रयुक्त हुआ है। ऋग्वेद का वृत्र अकाल का दैत्य है और वृत्रहन उसके संहारक हैं, यह वर्षा के देवता इंद्र और आदित्य रूप में विष्णु की उपाधि बनी।

प्राचीन मिस्रवासी होरस के उपासक रहे हैं। होरस अर्थात प्रातः कालीन सूर्य। मध्याह्न के सर्वशक्तिमान सूर्य रा और और अस्त होते सूर्य अतुम के साथ मिलकर उसने एक त्रिमूर्ति बनाई। होरस रा को एक दैवी बालक के रूप में चित्रित किया गया जो आदि जल से प्रति प्रातः जन्म लेता है, एक कमल पर बैठा, जिसके दल सूर्यास्त उपरांत उसे रात भर ढके रखते हैं। नू के आदि जल में अतुम एक सर्प के रूप में प्रकट हुआ। त्रिमूर्ति का प्रतिनिधित्व किया रा ने, जिसका बाज़ जैसा सिर सांप से घिरे सौर चक्र का है; अतुम सांप से बनी नाव में बैठ आकाश को पार करते होरस इस चित्रांकन की कल्पना वैदिक विष्णु के तीन डगों के वर्णन और जल में लेटे नारायण,

जिसमें उनकी नाभि से कमल उगता है, की स्मृति दिलाती है। भारतीय परंपरा में सृष्टि रचयिता ब्रह्मा को कमल पर बैठे दिखाया जाता है।

बेबीलोनिया की निप्पुर से सृष्टि रचना की कथा के साथ समानता भी उल्लेखनीय है। जल के देवता एंकी, समुद्र तल में गहन निद्रा मग्न होते हैं। देवता उनसे भोजन की कमी की शिकायत करते हैं, किंतु वे नहीं सुनते। तब उनकी मां नम्मू, जो सभी देवताओं की माता है, उन्हें जगाती हैं और आज्ञा देती हैं कि वे जाएं और मानव-रचना करें। एंकी का सिर सांप जैसा है और पूंछ मत्स्य जैसी। मत्स्य तो विष्णु के अवतारों में से एक हैं और सांप विष्णु की शय्या है। एंकी की संगिनी है निन्की, जो जल की देवी हैं। विष्णु की संगिनी लक्ष्मी की उत्पत्ति भी समुद्र से हुई है।

वैकुंठ

यह विष्णु का स्वर्गधाम है। समस्त मानव वहां पहुंचने की लालसा रखते हैं। यह परम धाम है जहां सब कुछ संपूर्ण है। कभी इसे मेरु पर्वत पर स्थित बताते हैं, जो सृष्टि का केंद्र बिंदु है, तो कभी इसे उत्तरी महासागर बताते हैं। इसे वैभ्र भी कहा गया है। विष्णु इस स्वर्गधाम के अधिपति हैं–वैकुंठनाथ।

गरुड़ और नाग

महाभारत के आदि पर्व में एक विशद आख्यान है, जिसमें गरुड़ और नागों की शत्रुता का और विष्णु से उनकी निकटता

का स्पष्टीकरण है। प्रजापति की दो पुत्रियां थीं—कद्रु और विनता। दोनों कश्यप ऋषि को ब्याही गईं। ऋषि ने वरदान मांगने को कहा। कद्रु ने कहा, ''मैं सहस्त्र बलशाली नागों की मां बनूं!'' विनता ने कहा, ''मुझे दो पुत्र मिलें। दोनों शक्ति, ऊर्जा, आकार और वीरता में कद्रु के सहस्त्र नागों की सम्मिलित क्षमता के बराबर हों।

लंबे समय बाद कद्रु ने सहस्त्र और विनता ने दो अंडों को जन्म दिया। गरम पात्रों में अलग-अलग-वे पांच सौ वर्षों तक सेये गए। तब कद्रु के सहस्त्र नागपुत्र जन्मे। विनता द्वारा जने अंडे तब तक तो हिले भी न थे। लज्जित विनता ने एक अंडा फोड़ दिया, तो उसमें से एक अविकसित भ्रूण, जिसका ऊपरी अंग विकसित था, निकला। समय पूर्व जन्म देने की त्रुटि पर, उसने विनता को श्राप दिया कि विनता पांच सहस्त्र वर्षों तक अपनी बहिन कद्रु की दासी बनकर रहेगी। यह बालक अरुण बना और सूर्य का सारथी हुआ। अरुण अर्थात प्रभात, जो सूर्य के आने से पहले दिखता है। सूर्य रश्मियों से पृथ्वी की रक्षा अरुण ही करता है।

इसी बीच समुद्र मंथन की घटना घटी, जिसका वर्णन कूर्मावतार अध्याय में है। यह मंथन अमरता की औषधि अमृत की खोज हेतु था। किंतु मंथन में अनेक अन्य रत्न भी निकले, जिनमें से एक था सुंदर और शक्तिशाली अश्व—उच्चैश्रवा। कद्रु और विनता ने उसके रंग पर दांव खेला। विनता ने कहा, ''वह श्वेत है!'' कद्रु ने कहा, ''उसकी पूंछ काली है।'' बाज़ी यह लगी कि हारने वाली जीतने वाली की दासी रहेगी। अपने सहस्त्र नागपुत्रों को कद्रु ने आज्ञा दी कि वे उच्चैश्रवा की पूंछ को ढके रखें, जिससे पूंछ काली दिखे। नागों ने मना किया, तो कद्रु ने उन्हें श्राप दिया कि पांडवों का वंशज जनमेजय

एक यज्ञ करेगा और ये सब नाग उस यज्ञ में जल मरेंगे। चिंतित नाग जाकर उच्चैश्रवा की पूंछ में काले बाल बन गए और इस कारण विनता कद्रु की दासी बनीं।

पांच सहस्त्र वर्ष बीते, विनता का दूसरा अंडा फूटा। गरुड़ निकले, वे गौरव और शक्ति से भरे पक्षी थे, सीधे उड़ते हुए ऊंचे आकाश में पहुंचे। वे अपना स्वाभाविक भोजन अर्थात सर्प ढूंढ़ रहे थे, लेकिन मां के साथ गरुड़ भी तो नागों का दास होने को विवश थे। उन्होंने नागों से स्वतंत्रता मांगी और इसका मूल्य पूछा। नागों ने कहा, 'अमरता की औषधि अमृत ले आओ।'' गरुड़ गए, देवों से लड़े, अमृत ले आए, किंतु उन्होंने स्वयं अमृत नहीं पिया। उनके संयम और आत्म-त्याग की वृत्ति से प्रसन्न होकर विष्णु ने उन्हें अमरता और रोग मुक्ति दी। साथ ही अपने रथ के ध्वज दंड का स्थान, जो देवता से भी उच्च है, प्रदान किया।

इंद्र ने गरुड़ को इच्छापूर्ति का वरदान दिया कि सर्प उनका भोजन बनें। गरुड़ ने सर्पों को अमृत दिया, लेकिन धरती पर रखे अमृत पात्र को विष्णु उठा ले गए। इस तरह गरुड़ ने अपनी मां को नागों की दासता से मुक्ति दिलाई। सांप उनका भोजन बने और नागों को अमरता भी नहीं मिल पाई।

नागों में ज्येष्ठतम थे शेष या अनंत। मां का श्राप सुनकर वे देशाटन पर चल दिए। ध्यान लगाया और तपस्या की। जब ब्रह्मा प्रकट हुए, तो शेष ने दुखी होते हुए कहा कि उनके सभी भाई दुष्ट हृदय के हैं, विनता और उनके पुत्र गरुड़ के प्रति ईर्ष्या रखते हैं, अतः शेष का मन हुआ कि शरीर छोड़ दें और सदैव के लिए पवित्र जीवन बिताएं। ब्रह्मा ने उन्हें

इच्छापूर्ति का वरदान दिया और आदेश दिया कि वे पृथ्वी को स्थिर रखने का दायित्व भी निभाएं। धरती को स्थिर रखने हेतु अनंत को धर्म का रूप लेना पड़ा। अनंत इतने शक्तिशाली थे कि समुद्र मंथन में आवश्यकता पड़ने पर वे अकेले ही मंदराचल पर्वत उखाड़ लाए।

अनंत का अर्थ है सीमाहीन। सृष्टि में समय तत्व की कोई सीमा नहीं है। अनंत उसी काल तत्व के प्रतीक हैं। उनके सहस्त्र फण, समय के असंख्य विभागों का प्रतीक हैं। शेष का अर्थ है अंत में बच जाने वाला तत्व। यह उस तत्व का द्योतक है जो पहले हुई सृष्टि के अंत में बचा रह जाता है और नई सृष्टि के लिए बीज का काम करता है।

बाज़ रूप गरुड़ विष्णु का वाहन या रथ हैं। ऋग्वेद में उन्हें इंद्र और सूर्य का सहायक कहा गया है। कदाचित आकाश में पंख फैलाए उड़ते बाज़ को देखकर ऐसी धारणा बनी होगी। अनेक सभ्यताओं ने बाज़ के प्रतीक से सूर्य की गरिमा, शक्ति और दूरी को प्रकट किया है।

गरुड़ और नागों का बैर प्रकाश और अंधकार की शक्तियों का बैर है। गरुड़ और अरुण, सूर्य और प्रकाश के प्रतीक हैं, नाग रात्रि और अंधकार के। अंधकार सदैव प्रकाश को निगलना चाहता है, लेकिन प्रकाश अमर है, जो कि जीवन देने के साथ-साथ उसकी रक्षा भी करता है। यही तो विष्णु देवता हैं, जो कि स्वयं सूर्य हैं।

आयुध

सामान्यतया विष्णु चतुर्भुज रूप में दिखते हैं। किसी-किसी चित्रांकन में उनकी आठ या सोलह भुजाएं भी दिखती हैं। उनके

हाथों में शंख, चक्र, गदा, पद्म रहते हैं। कभी-कभी खड्ग और धनुष (शारंग) भी दिखाए जाते हैं।

हिंदू देवताओं के अनेक हाथ उनकी अनेकविध शक्तियों के प्रतीक हैं। नश्वर मानवों के दो हाथ होते हैं, क्योंकि उनकी शक्तियां सीमित होती हैं। देवताओं की शक्तियां असीमित हैं, तो उनके हाथ भी अनेक दिखाए गए। उनके आयुध भी भिन्न-भिन्न दिखाए गए, जिससे प्रकट होता है कि वे असंख्य क्रियाएं कर सकने में समर्थ हैं, जो प्रायः वे एक साथ सब भी कर सकते हैं।

विष्णु के आयुधों में एक क्रम है—विकास-क्रम। समीप के युद्ध के लिए आयुध गदा है, तो दूर फेंक कर मारने के लिए चक्र है, जो लक्ष्य बेधकर बूमरैंग की तरह उसी जगह लौट भी आता है। शंख युद्ध की तुरही है और कमल सृजन व पवित्रता का प्रतीक है।

विष्णु के यही आयुध राम और कृष्ण के शस्त्र थे। शस्त्रों का महत्व यह भी है कि वे देवता के विकास के साथ ही उनके भक्तों के विकास को भी प्रकट करते हैं। दरअसल वे भारतीय मानव शास्त्र के अध्ययन के तौर पर हैं, जिनमें प्रत्येक आयुध के माध्यम से देवताओं के विकास की क्रमिक अवस्थाएं प्रकट की गई हैं और इसी कारण वे अनुयायी समाज के भी विकास की कथा कहती हैं। समकालीन महाराष्ट्र में गणेशपूजा उत्सव में इस प्रक्रिया का एक रुचिकर उदाहरण मिलता है। आधुनिक गणेश की प्रतिमाएं हाथ में बंदूकें, स्वचालित राइफलें, नाभिकीय शीर्षयुक्त प्रक्षेपास्त्र रखती हैं या कंप्यूटर के सामने बैठे दिखती हैं। इसी प्रकार विष्णु के हाथों में भी वो आयुध आए, जो उनके पुजारियों में प्रचलित थे।

गदा

विष्णु की गदा का नाम है कौमोदकी। जल के देवता वरुण ने उन्हें यह गदा अर्पित की थी। इसका घोष भीषण झंझावत के समान था और वह दैत्य को नष्ट करने में सक्षम थी। इसका नाम जल में उगने वाले पुष्प कुमुद के आधार पर पड़ा।

मानव प्रजाति में ज्ञात आयुधों में गदा सबसे प्राचीन आयुध है। पाषाणकालीन मानव में वह सबसे प्रचलित अस्त्र था। यह पहले लकड़ी के लट्ठे से बनाई गई, फिर पत्थरों की बनी। ऐसी कोई सभ्यता नहीं, जहां गदा का प्रचलन न रहा हो। भारत में 10,000 ईसा पूर्व के मोहनजोदड़ो में इन्हें पाया गया है। विष्णु का गदा के साथ होने का अर्थ यह है कि पाषाणकालीन विकासकाल में विष्णु की पूजा प्रचलित थी।

वैष्णववाद के दार्शनिक विकास में गदा बुद्धि, ज्ञान की शक्ति और काल की प्रबलता की प्रतीकबनी। जिस तरह समय अजेय है, उसी तरह गदा भी अपने विरोधियों को नष्ट कर डालती है।

संस्कृत साहित्य में गदा के अनेक नाम हैं किंतु सर्वाधिक महत्वपूर्ण तथ्य यह है कि महाभारत जैसे महाकाव्य के एक पूर्ण अध्याय का नाम इसी आयुध पर रखा गया है–गदा पर्व। पांडव कुमार भीम और उनके चचेरे भाई कौरव दुर्योधन, दोनों गदायुद्ध में पारंगत थे। दोनों के बीच युद्ध के समय दुर्योधन हस्तिनापुर के राजा थे और भीम की गदा से मारे गए थे। कृष्ण के भाई बलराम भी गदायुद्ध में प्रवीण थे। राम के सहायक

योद्धागण वानरों का यह प्रिय अस्त्र था। युद्ध के इस घातक अस्त्र का प्रयोग देवता और दैत्य समान रूप से करते थे।

शंख

कृष्ण का शंख पांचजन्य उन्हें कैसे मिला? इसकी अनेक कथाएं हैं। महाभारत में वर्णित एक कथानुसार कृष्ण ने गहरे पाताल (वर्तमान में हैदराबाद, सिंध) में बसे पंचजन दैत्य को मार कर यह शंख प्राप्त किया। विष्णु पुराण और हरिवंश में इसका वर्णन अलग तरह से है। गुरु संदीपनी से शिक्षा प्राप्त करने के बाद कृष्ण और बलराम ने उनसे गुरुदक्षिणा मांगने को कहा। संदीपनी ने कहा कि उनके पुत्र पुनर्दत्त को पणि जनजाति के पंचजन ने अपहरण कर लिया है। पंचजन, पणि जनजाति या पुण्यजन नामक समाज का व्यक्ति है। वह प्रभास (वर्तमान में सोमनाथ निकट का प्रभास, गुजरात) का निवासी है। वहां से पुनर्दत्त को ले आने से गुरुदक्षिणा चुक जाएगी। पंचजन युद्धवाद्य हेतु शंख का प्रयोग करता था। एक अन्य वर्णन के अनुसार पंचजन शंख के भीतर जल में ही निवास करता था। उसने पुनर्दत्त को मातृ-सत्तात्मक रीति से चुनी गई नागों की रानी को बेच दिया था, जो पाताल के निकट वैवस्वतपुरी (प्रकाश की नगरी) की रानी थी। कृष्ण ने पंचजन का वध किया और उसका शंख ले लिया। तभी से इस शंख का नाम पांचजन्य पड़ा। पुनर्दत्त वापस अपने पिता गुरु संदीपनी को मिल गए। जब कृष्ण को विष्णु का ही रूप बताया गया, तो पांचजन्य शंख भी विष्णु का प्रतीक बन गया।

पणि या पुण्यजन व्यापारी समाज के थे। ऋग्वेद में उन्हें दैत्य, ब्याज पर उधार देने वाले और ऐसे दस्यु तक कहा गया है, जो आक्रामक बातें करते थे। उन्हें प्राचीन नाविक फोनिशियन के रूप में पहचाना गया है। पंचजन के सहायकों, हक्कु और हल्ल को विचित्र भाषा बोलने वाला बताया गया है, जो कि समुद्र पार दूर एकांत मरुस्थल में बड़े हुए थे। पणियों या पुण्य जाति के लोगों ने कुशस्थली (वर्तमान द्वारका) पर अधिकार किया। उनके नायक पंचजन के वध के बाद कृष्ण ने द्वारका पर अधिकार पा लिया। विजय के प्रतीक के नाते कृष्ण ने पांचजन्य शंख अपने पास रख लिया।

शंख एक जीवधारी मोलस्क टर्बिनेला रापा के शरीर का ऊपरी कवच है। यह गुजरात से दूर समुद्र में मन्नार की खाड़ी में पाया जाता है। ईसा से 2500 वर्ष पहले शंख से आभूषण बनाने का सुविकसित उद्योग स्थापित था और शंख एक व्यापारिक वस्तु थी। बाद के वैदिक कालीन साहित्य में उत्सवों में शंख को वाद्य की भांति बजाने का भी वर्णन मिलता है, जबकि रामायण और महाभारत में इसका उपयोग योद्धाओं को बुलाने और युद्ध का वातावरण बनाने में हुआ।

शंख स्वयं में कोई पवित्र वस्तु नहीं है, लेकिन विष्णु के देवत्व के प्रभाव से इसे पवित्र माना गया। पंचजन पर विजय की पहचान के रूप में कृष्ण द्वारा इसे धारण करने की कथा से ये पता चलता है कि दैत्य भी इसे विजय-प्रतीक रूप में धारण करते थे। जब कृष्ण ने दैत्यों को हराया, तो उन्होंने दैत्य के प्रतीक पर भी अधिकार कर लिया। क्योंकि हारने वाली जनजातियों या योद्धाओं के प्रतीक उनको हराने वालों को प्राप्त हो जाने का नियम था। प्रतीक से संबद्ध होने की

संभावना इस तथ्य से और पुष्ट होती है कि शंख, जैन तीर्थंकर नेमिनाथ का प्रतीक है। वे गुजरात में द्वारका के राजा समुद्रविजय के पुत्र थे। प्रत्येक तीर्थंकर को किसी प्रतीक या चिह्न से पहचाना जा सकता है। यह पशु हो सकता है, पौधा या शंख जैसा प्राकृतिक उत्पाद भी हो सकता है। शंख का जल के साथ संबंध इसे नारायण के साथ भी संबंद्ध करता है, जो जल में विश्राम करते हैं।

बाद के साहित्य में शंख को तत्वों का प्रतीक माना गया जो अहम् भाव के दमन के उपरांत प्राप्त होते हैं या चेतना के सिद्धांत का प्रतीक माना गया, जिसके दो अंग हैं- इंद्रियां और तत्व। शंख की ध्वनि भौतिक सृजन शक्ति का प्रतीक है। पांच तत्वों—क्षिति, जल, पावक, गगन एवं समीर के अतिरिक्त आकाश से तीन तत्व और आते हैं—मन, बुद्धि और अहंकार। विष्णु के हाथ में शंख आकाश का प्रतीक है, जो ध्वनि का अभिव्यक्त रूप है, जो सब तत्वों का स्रोत है और सृजन शक्ति भी है। धन के देवता कुबेर के नौ रत्नों में से एक शंख है। यह कामनाओं को पूरा करने वाला और समृद्धि प्रदान करने वाला है। इसका प्रयोग देवता की परंपरागत पवित्र स्नान प्रक्रिया में या फिर नए मंदिर में प्राण-प्रतिष्ठा उत्सव में होता है। सभी महत्वपूर्ण पर्वों में इसे बजाया जाता है।

चक्र

देवता और देव अमृत की प्राप्ति के लिए समुद्र मंथन में लगे थे। विष्णु को अपने प्रज्ज्वलित और विनाशकारी चक्र का ध्यान आया। चक्र उनके हाथ में आ गया और सहस्त्रों दैत्य मारे गए। महाभारत के अनुसार यह चक्र शिव ने बनाया था। जल

में रहने वाले एक दैत्य का वध करने के उपरांत चक्र बना। इसमें अग्नि ज्वाला और ऊर्जा थी। बस शिव ही इसे देख पाए। तभी इसका नाम पड़ा सुदर्शन–अद्भुत दृश्य। इस कथा की अधिक व्याख्या उपलब्ध नहीं है। फिर भी एक तथ्य है कि कृष्ण के इस चक्र को अनेक जनजाति और असुरों ने अपने-अपने चक्रों के आधार पर चुनौती दी, वे सभी शैव थे। यह एक और प्रमाण लगता है कि विजेता सदैव पराजित शत्रुओं के शस्त्रों पर अधिकार पा जाता था।

एक कथा और है। कृष्ण ने खांडव वन में अग्नि देवता की आराधना की। प्रसन्न अग्निदेव ने उन्हें यह चक्र दिया, जिससे वे शत्रु को नष्ट कर सकें।

सर्वप्रथम ऋग्वेद में चक्र का वर्णन है। इसे युद्ध का एक तीक्ष्ण शस्त्र कहा है, लेकिन यह सामान्य चक्र नहीं है। शंख की भांति, चक्र भी महाकाव्य काल के बाद के समय में प्रसिद्ध हुआ। इसका उपयोग कृष्ण ने तो किया ही, देवों और असुरों ने भी किया। क्रूर ग्रह राहु के सिर को धड़ से अलग करने में, कुमार शिशुपाल का सिर काटने में, मधु-कैटभ दैत्यों को हराने में, रुक्मिन और जरासंध की सेनाओं को नष्ट करने में कृष्ण ने इसका उपयोग किया। चक्र का शाब्दिक अर्थ है पहिया, किंतु विष्णु के चक्र को सामान्यतया धातु का गोल पत्र मानते हैं।

चक्र की विशिष्टता है कि फेंकने वाले के हाथ में यह वापस आ जाता है। कृष्ण ने इसे अनेक बार चलाया, शत्रु नष्ट किए, कभी-कभी तो समूची सेनाओं के साथ राज्य का विनाश किया, पर सदैव चक्र वापस कृष्ण के पास आ गया। भले ही चक्र को धातु-पत्र कहते हैं, पर इस गुण वाला एकमात्र ज्ञात शस्त्र है बूमरैंग।

बूमरैंग पाषाणकालीन शस्त्र है। हालांकि ऑस्ट्रेलिया की प्राचीनतम जनजाति इसके उपयोग में प्रवीण मानी जाती है, लेकिन इरित्री, सुमेरिया और गुजरात के बीच रहने वाली कई प्राचीन जातियां बूमरैंग जैसे एक शस्त्र का प्रयोग करती थीं। सुमेरियाई गोल बूमरैंग फेंकते थे, लगभग वैसा ही जैसा कि पल्लव चित्रांकनों में विष्णु का चक्र दर्शित है। भारतीय जनजातियां दोनों प्रकार के चक्र चलाती थीं। गोल और चढ़ती चंद्रकला जैसे। गुजरात के कोली, तमिलनाडु के मरवड़ और कल्लड़, और अन्य आदिवासी जनजातियां भी ऐसे ही चक्र प्रयोग करती थीं।

इसके बाद के काल में विष्णु पुराण में चक्र को मन का प्रतीक बताया गया, 'जिसके विचार शस्त्र की भांति पवन से भी तीव्रतर उड़ते हैं।' भागवत पुराण् में चक्र को प्राण, माया अर्थात भ्रम, क्रिया, शक्ति, भाव, उन्मेर अर्थात आदर्श, उद्यम और संकल्प अर्थात इच्छाशक्ति के गुणों को धारण करने वाला कहा गया है। तांत्रिक कर्मकांडों में चक्र का आह्वान किया जाता है और किसी एक हाथ में चक्र होना व्यक्ति के चक्रवर्ती होने या विश्व का शासक होने का प्रतीक बन जाता है।

पद्म

जब नारायण ने मानव प्रजाति की रचना का विचार किया, तो उनकी नाभि से कमल फूटा। उस पर चतुर्मुखी ब्रह्मा विराजमान थे। उनके तेज से संपूर्ण दिशाएं प्रकाशित हो रही थीं। इसीलिए नारायण का नाम पद्मनाभ पड़ा, अर्थात जिसकी नाभि से कमल उगे।

कमल ने अपनी कांति से आकाश को दीप्त किया। इसे सूर्य कहा गया। परमात्मा नारायण की पहली कृति होने के कारण कमल सृष्टि का प्रतीक बना और इसी अर्थ के कारण उर्वरता का भी प्रतीक बन गया। जल सभी जीवन रूपों का उद्गम है, तो कमल जीवन का प्रतीक बना। सृष्टि चलती है नियमों से, शाश्वत विश्वव्यापी नियम, जिन्हें हम धर्म कहते हैं। तो कमल धर्म का भी प्रतीक बना। समुद्र तल के कीचड़ और प्रदूषण में जहां दैत्य और सर्प बसते हैं, कमल उगता है। इस तरह कमल पवित्रता का प्रतीक भी है। कमल आत्मा का भी प्रतीक है, जो कि प्रदूषित संसार में पूर्णता की खोज के लिए विचरती रहती है।

विष्णु के हाथों में कमल का अर्थ लक्ष्मी भी है। वे कमल पर विराजमान भी दिखती हैं और उन्होंने एक या दो हाथों में कमल धारण भी किया होता है। वे समृद्धि की देवी हैं। कमल सृजनशक्ति है, ब्रह्मांडीय क्रियाशीलता का उद्गम। यह नारी सिद्धांत है, जो परमात्मा की सृजनशक्ति को क्रियाशील करता है, जैसे कि यिन और यैंग या शिव और शक्ति।

खड्ग

कुछ चित्रांकनों में विष्णु ने खड्ग भी धारण किया है। मात्र इसके सिवा कि रामायण में राम के खड्ग का आभास मिलता है और कोई वर्णन नहीं मिलता कि विष्णु ने खड्ग कैसे और क्यों पाया? चित्रांकनों में यह दृश्य दुर्लभता से ही मिलता है।

उत्तर पश्चिम भारत में यूनानी राजाओं द्वारा प्रचलित मुद्राओं में खड्ग पहली बार दिखता है। अलेक्ज़ेंडर के यूनानी

सैनिक खड्ग रखते थे और स्पष्ट रूप से भारत में खड्ग उन्हीं के साथ आया। इसे विष्णु के साथ दिखाया जाना गुप्त काल में आरंभ हुआ। शायद यूनानी हाथों में खड्ग की उपयोगिता ने इसे एक सम्मानित हथियार बना दिया था।

शारंग

जैसे कृष्ण के साथ शंख और चक्र जुड़े हैं, वैसे ही राम के साथ धनुष-वाण जुड़े हैं। विष्णु के हाथ में शारंग न तो महत्वपूर्ण चित्रण है, न ही प्रचलित है। शायद रामभक्ति संप्रदाय को जब विष्णु से जोड़ा गया, तो शारंग विष्णु के हाथों में आ गया।

चित्रांकन

मध्य प्रदेश के मल्हार से प्राप्त 200 वर्ष ई.पू. की मूर्ति में चतुर्भुज विष्णु को शंख, चक्र और गदा धारण किए दिखाया गया है। यह संभवतः पहली प्राचीनतम मूर्ति है। 200वीं ईस्वी के दौरान कुषाण साम्राज्य के समय में विष्णु की मूर्तियां बहुत बनीं। इनमें से अधिकांश चतुर्भुज हैं, जो हाथों में शंख, चक्र, गदा और पद्म धारण किए हैं। उनकी संगिनी लक्ष्मी को, जो श्रीदेवी और भूदेवी रूप में प्रतिष्ठित हैं, क्रमशः आकाश और भूमि रूप में चित्रित कर प्रभु के अगल-बग़ल खड़ा दिखाया गया है। कभी-कभी लक्ष्मी को श्रीवत्स के रूप में द्योतित किया गया है जो देवी का प्रतीक है और जिसे विष्णु अपनी छाती पर धारण करते हैं। प्रारंभिक चित्रों में वे मुकुट अथवा शिरोवस्त्र

धारण किए हुए हैं जबकि बाद के चित्रों में उन्हें बड़ा सा किरीट पहने हुए अंकित किया गया है, जो कि दिव्यता का प्रतीक है।

विष्णु के खड़े चित्रों में गरुड़ हों या न हों, पर सामान्यतया उन्हें गरुड़ पर आसनासीन दिखाया जाता है, जैसे कि उन्हें नाग के सहारे लेटा हुआ भी दिखाते हैं। नाग जल का प्रतीक है।

बाद के समय में विष्णु का तीन प्रकार से अंकन मिलता है : खड़े हुए अर्थात स्थानक मूर्ति, बैठे हुए अर्थात आसनमूर्ति और लेटे हुए अर्थात शयन मूर्ति। प्रत्येक के चार प्रकार हैं : योग जो ध्यान हेतु है, भोग जो वरदान दाता रूप है, वीर जो योद्धा रूप है और अभिचारिक, जो तंत्र साधना हेतु है। प्रत्येक प्रकार की अभिव्यक्ति उनके हाथों के आयुध, उनके चतुर्दिक स्थित देवतागण, संत और सेवक से होती है। इनमें से प्रत्येक प्रकार को पुनः तीन वर्गों में बांट सकते हैं–उत्तम, मध्यम और अधम। यह वर्गीकरण इस बात पर आधारित होता है कि वे सभी अपेक्षाएं पूर्ण कर पा रही हैं, कुछ पूरी कर पा रही हैं या कोई भी अपेक्षा नहीं पूरी कर रही हैं।

विष्णु के चित्रांकन जैसे कि पहले भी वर्णित किया गया, सर्वप्रथम कुषाण काल से प्रारंभ हुए, लेकिन गुप्त काल में मूर्तियां ज़्यादा बनीं। मध्य प्रदेश के देवगढ़ का वर्णन ज़रूर करना पड़ेगा, यहां विष्णु नर-नारायण रूप में दिखते हैं। एक उपदेशक तो दूसरा श्रोता रूप में संवाद करते हुए, गजेंद्र रक्षक रूप में, उड़ते हुए गरुड़ासन आसीन, आकाश से उतरते हुए दैत्य ग्राह से अपने भक्त गजेंद्र को बचाने के लिए आते, वे चिंतित और गरिमामय दिखते हैं। वे उड़ते गरुड़ के गरिमामय

रूप को वाहन बनाए, उस पर बैठे दिखते हैं और समुद्र पर
शय्या रूप में आदि शेष के सहारे, वे विश्राम करते दिखते
हैं, जिसमें उनके आयुध मानव रूप में एक पटल पर नीचे
स्थित दिखते हैं।

अवतार

समय-समय पर बुराई, अच्छाई से कहीं ज़्यादा बलशाली हो
उठती है और फलस्वरूप धरती पर दैत्यों और दुष्टों का राज्य
हो जाता है। वे धर्म अर्थात ब्रह्मांड सत्य के नियम का पालन
नहीं करते। वे सत्य और नैतिकता को उस सीमा तक दमित
करते हैं कि धरती पर जीवन असह्य हो जाता है। केवल सच्चे
भक्त बचते हैं और वे अपने प्रभु को पुकारते हैं। उनकी प्रार्थनाओं
के प्रत्युत्तर में विष्णु बार-बार अवतार लेकर प्रकट होते हैं।
वे अधर्म अर्थात असत्य का अंत करते हैं और धरती पर व्यवस्था
स्थापित करते हैं। ऐसा माना जाता है कि अब तक वे धरती
पर नौ बार अवतार ले प्रकट हो चुके हैं। दसवां और अंतिम
रूप अभी लेना शेष हैं। कुछ ग्रंथों में अधिक अवतार वर्णित
हैं। भागवत पुराण में बाईस अवतारों का वर्णन है। लेकिन
सर्वाधिक मान्य दस अवतार हैं। वे अवतार क्रमशः इस प्रकार
हैं-

- मत्स्य, मछली रूप
- कूर्म, कछुआ रूप
- वराह, जंगली सूअर का रूप
- नरसिंह, मानव-सिंह रूप

- वामन, बौना रूप
- परशुराम, कुल्हाड़ी के साथ राम
- राम, आदर्श पुरुष
- कृष्ण, योगीराज
- बुद्ध, शांति उपदेशक
- कल्कि, अंतिम विनाशकर्ता

प्रत्येक अवतार स्थान, समाज और काल के अनुसार है। रुचिकर तथ्य है कि उनमें एक विकासक्रम भी है। वे जलचर मत्स्य से विकास करना प्रारंभ करते हैं, फिर उभयचर कूर्म अर्थात कछुए, चार पैरों वाले पशु और अंततः दो पैरों वाले मानव में विकसित होते हैं। इन अवतारों के अतिरिक्त, विष्णु विभिन्न स्थानों पर अनेक रूप में प्रकट होते हैं। प्रत्येक देव मंदिर से एक अद्भुत गाथा जुड़ी है, जिसे स्थल पुराण कहते हैं।

अवतारों से युग अर्थात धरती पर जीवन के कालखंड की अनुरूपता मिलती है। प्रत्येक युग से पूर्व एक अवांतर काल या संध्या की अवधि होती है।

पहले चार अवतार सत्य या कृत (पवित्र) युग में हुए, जो स्वर्ण काल है। अगला युग या त्रेता युग वामन अवतार से प्रारंभ हुआ। यह बलि प्रथा का युग था। लोग सत्यनिष्ठ और सद्गुणी थे। किंतु धर्माचरण घट गया था और लोग कर्मकांडी हो गए थे, क्योंकि लोगों में कर्तव्य भावना का अभाव हो गया था। वे दान आदि भी पुरस्कार की आशा से देते थे।

धर्माचरण द्वापर में और घटा। जब कृष्ण अवतार हुआ तब

कुछ लोग ही चारों वेद पढ़े होते थे, कुछ तो तीन, दो या एक भी नहीं पढ़े होते थे। संसार में रोग, इच्छाएं और आपदाएं व्याप्त थीं। कुछ लोग इनसे मुक्ति हेतु बलि प्रथा अपनाते थे, जबकि कुछ कठिन तपस्या करते थे।

अंतिम युग है कलियुग, जो कि महाभारत के युद्ध के समय प्रारंभ हुआ। धर्माचरण व्यावहारिक तौर पर समाप्त होने लगा है। विपत्तियां, रोग, भूख, हिंसा और आतंक धरती पर छा जाएगा। इसके बाद विष्णु का दसवां अवतार कल्कि धरती से मानव प्रजाति मिटा देगा।

इस बात पर मतभेद हैं कि बुद्ध विष्णु के अवतार थे या नहीं। विषेशतः इस कारण भी, क्योंकि वे वैदिक परंपराओं के घोर विरोधी थे। इसके विकल्प के रूप में बलराम का नाम है, जो हलधर हैं और कृष्ण के बड़े भाई भी हैं। इस तरह बुद्ध को हटाकर कृष्ण उनकी जगह नौवें अवतार स्थापित कर दिए जाते हैं। स्पष्टतः बुद्ध को अवतार गिनने का कारण उनके मतानुयायियों को हिंदुत्व से जोड़े रखने का प्रयास था।

अन्य सभी अवतार विष्णु के अंशावतार कहे जाते हैं, जो किसी एक कारण और उनके निवारण के लिए विशिष्ट क्षमता वाले अवतार रूप में हुए। जबकि कृष्ण पूर्ण अवतार हैं, विष्णु की संपूर्णता को धरती पर प्रकट करने वाला अवतार।

पुनः अवतार लेने के वचन के कारण विष्णु को विभिन्न स्थानीय देवों के साथ जोड़ा जा सके। उनके असंख्य रूप उनके भक्तों की प्रार्थनाओं के उत्तर हैं, क्योंकि हर भक्त अपने स्थानीय देवता में विष्णु को ही देखता है। भगवद गीता में कृष्ण ने कहा भी है :

यदा यदाहि धर्मस्य ग्लानिर्भवति भारत
अभ्युत्थानम्ऽधर्मस्य तदात्मानं सृजाम्यहम्।।
परित्राणाय साधूनाम विनाशाय च दुष्कृताम
धर्म संस्थापनार्थाय संभवामि युगे युगे

जिसका अर्थ है:

जब भी धर्म नष्ट होता है, अधर्म बढ़ता है, मैं अवतार लेता हूं, सज्जनों की रक्षा और दुर्जनों के नाश हेतु। धर्म स्थापना हेतु मैं प्रति युग में अवतरित होता हूं। (भगवद गीता, चतुर्थ, 8)

जब भी विष्णु कोई नया अवतार लेते हैं या प्रकट होते हैं, तो भक्त मानते हैं कि विष्णु ने अपना वचन निभाया है। इस प्रक्रिया से अनेक स्थानीय देवता भी विष्णु से पहचान पाते हैं और इसीलिए हिंदू देवालयों में सम्मिलित कर लिए जाते हैं।

मत्स्य अवतार

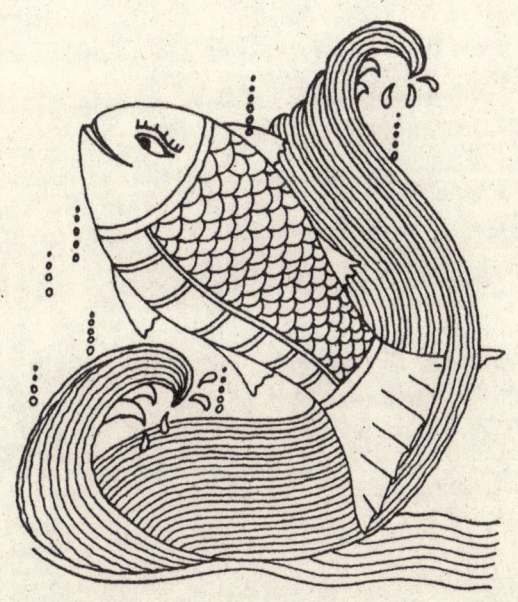

विष्णु मत्स्य अवतार लेकर पृथ्वी पर आई प्रलयंकारी बाढ़ से मानवता के प्रथमपुरुष मनु, सप्त ऋषियों, उनकी पत्नियों और समस्त प्रजातियों से एक प्राणी को बचाते हैं। बच जाने वाले यही प्राणी बाद में पृथ्वी को फिर से जीवनयुक्त बनाते हैं। आरंभ में शतपथ ब्राह्मण में मछली रूप को ब्रह्म कहा गया है, लेकिन बाद में इसे विष्णु का एक अवतार माना गया।

महाभारत के अनुसार एक दिन जब मनु चेरिवि नदी के किनारे कुछ पूजा-अर्चना कर रहे थे, तो एक छोटी मछली ने उनके पास आकर कहा कि वे उसकी देखरेख करें, क्योंकि आगे चलकर वह उन्हें प्रलयंकारी बाढ़ से बचाएगी। वह मनु को यह भी बताती है कि अन्य मछलियों से उसकी रक्षा के लिए वे उसे एक बर्तन में रखें। जब वह बर्तन के आकार से बड़ी हो जाती है, तो एक तालाब में रखने का निर्देश देती है। जब वह तालाब से भी बड़ी हो जाती है, तो वह गंगा नदी में डाल दिए जाने को कहती है और अंततः समुद्र में, जहां मनु को एक जहाज़ बनाना होगा और बाढ़ शुरू होते ही उसमें चढ़ जाना होगा।

मनु ने वैसा ही किया, जैसा उनसे कहा गया था। बाढ़ आने पर उन्होंने जहाज़ को मछली से बांध दिया। मछली जहाज़ को भयंकर तूफ़ान के बीच से निकाल कर उत्तरी पर्वत की ओर ले गई। अंततः जहाज़ हिमालय की चोटी पर पहुंच जाता है, जहां मनु बाहर आते हैं और पर्वत पर एक निर्जन संसार में उतरते हैं। बाढ़ सभी प्राणियों को अपने साथ बहा ले गई है, केवल मनु बचे हैं। तब मछली अपना परिचय सभी प्राणियों

के स्वामी अर्थात् ब्रह्म के रूप में देती है। वह मनु को रचना करने की शक्ति प्रदान करती है, इस तरह मनु पुनर्रचना करने का कार्य संभालते हैं।

भागवत पुराण एक अलग कथा कहता है। प्राचीन काल में जब पहली बार पृथ्वी पर जीवन का उद्भव हुआ, तो हयग्रीव या सोमक नामक दैत्य ने समूची पृथ्वी को आतंकित कर रखा था। वह ऋषियों को उनके कर्मकांड नहीं करने देता था, उसने वेदों को चुराकर उन्हें समुद्र की तलहटी में छिपा दिया था। इस पर ब्रह्मा ने विष्णु से सहायता करने के लिए कहा और विष्णु तुरंत ही एक मछली का रूप धर कर समुद्र में उतर गए। उन्होंने दैत्य का वध किया और वेदों को वापस ले आए।

मत्स्य पुराण (नाम इस अवतार के बाद पड़ा) में इस कहानी का एक और रूप है:

कल्प (चार अरब, बत्तीस करोड़ वर्ष, संसार की अवधि) के अंत में जब ब्रह्मा विश्राम कर रहे थे, तब हयग्रीव दैत्य ने वेद चुरा लिए। जब विष्णु को यह पता लगा, उन्होंने एक छोटी-सी मछली का रूप धरा। एक दिन द्रविड़ देश के राजा सत्यव्रत अपने पुरखों की आत्मा को अंजलि से जल अर्पण कर रहे थे, तब अपनी अंजलि में उन्हें यह छोटी मछली मिली। उसने समुद्र के विशाल प्राणियों से रक्षा करने के लिए राजा से प्रार्थना की। उस पर दया आने के कारण राजा ने उसे एक बर्तन में रख दिया। अगली सुबह उन्होंने देखा कि मछली बर्तन के बराबर बड़ी हो गई है, इसलिए उन्होंने उसे कुएं में रख देने की आज्ञा दी। अगली सुबह वह कुएं के बराबर विस्तृत हो गई थी। राजा ने उसका स्थान बदलकर तालाब

में रखवा दिया, लेकिन वह तब तक बड़ी होती रही, जब तक कि तालाब के आकार की न हो गई। तब राजा ने अपने आदमियों से उसे समुद्र में ले जाने को कहा। लेकिन समुद्र भी पर्याप्त बड़ा नहीं था, क्योंकि मछली उसके एक किनारे से दूसरे किनारे तक आ रही थी।

आश्चर्यचकित राजा ने मछली से अपना परिचय देने को कहा और इतना विशाल आकार करने का कारण पूछा। मछली ने रहस्य खोलते हुए बताया कि वह विष्णु है और घोषणा की कि पृथ्वी पर अगले एक सौ साल तक भयंकर बाढ़–महाप्रलय–आएगी। उसने राजा को निर्देश दिया कि वह हर पशु की प्रजाति का एक प्राणि, सभी औषधीय पौधे और बीज और साथ में सबसे ऊपर वेदों को एक नाव में रख लें। उसके बाद मछली ने नाव को एक लंबे सर्प से बनी रस्सी से अपने पंख में बांध देने को कहा। जैसे ही वर्षा आरंभ हुई, वह इतनी तेज थी कि शीघ्र ही सारा विश्व उसमें डूब गया। वह भयंकर बाढ़ सौ साल तक बनी रही। इस दौरान सत्यव्रत और उनकी नाव को महान मछली पानी पर आगे चलाती रही। अंत में जब पानी घटा, तो नाव में मौजूद सभी प्राणी नई जीवन-रचना करने वापस चले गए। इस तरह संसार और सृष्टि नए सिरे से आरंभ हुई।

यह कथा बाइबिल के ओल्ड टेस्टामेंट में नोआह की कथा के काफ़ी कुछ समान है, बस मछली और इसमें पवित्र वेदों को बचाने का अंश अतिरिक्त है। महान प्रलय की प्राचीनतम कथा बेबीलोनिया की टैबलेट्स में मिलती है। यह कथा एशिया, ऑस्ट्रेलिया, यूरोप व अमेरिका की प्रत्येक प्राचीनतम सभ्यताओं के इतिहास में मिलती है। स्पष्ट रूप से यह एक सत्य घटना

है, जो कि मानवता की स्मृति में दर्ज हो गई है। प्रलय के अंत में विष्णु लोगों को मत्स्य आकार की पूजा करने या मंदिर बनवाने के निर्देश दिए बिना अपने वैकुंठ धाम चले गए। इसीलिए इस अवतार के बहुत ही कम मंदिर मिलते हैं। सबसे ज़्यादा प्रसिद्ध दो मंदिर हैं--एक गुजरात में बेट द्वारका का शंखोदर मंदिर और दूसरा आंध्र प्रदेश में नागलापुरम का वेदनारायण मंदिर। सामान्य रूप से मत्स्य को रूप देते समय उसका ऊपरी भाग मानव और नीचे का भाग मछली के रूप में प्रदर्शित करते हैं। कभी-कभी ही उन्हें पूरा मछली के रूप में प्रदर्शित किया जाता है। मत्स्य अवतार जीवन के प्राचीनतम रूप को भी प्रदर्शित करता है, जो कि पानी में ही उत्पन्न हुआ था।

कूर्म अवतार

विकासवाद के क्रम में अगला जीवधारी उभयचर होता, जो जल व थल दोनों ही स्थान पर जीवित रह सके। इसी का प्रतीक है कूर्म, जो विष्णु का दूसरा अवतार है।

विष्णु के इस अवतार की कथा *रामायण* तथा कई अन्य पुराणों में आती है। ऋषि दुर्वासा को एक अप्सरा ने एक माला दी, जो उन्होंने देवराज इंद्र के हाथी ऐरावत के सिर पर डाल दी। हाथी ने उसे पृथ्वी पर गिरा दिया। अपमानित दुर्वासा ने शाप दिया कि इंद्र की राजधानी व शक्तियां नष्ट हो जाएं।

इंद्र की शक्तियां जैसे ही घटने और प्रभावहीन होने लगीं, तो देवता डर गए कि अब दुष्टता फैलाने वाले असुर उन पर अधिकार कर लेंगे। वे सृष्टिकर्ता ब्रह्मा के पास भागे, जिन्होंने परामर्श दिया कि वे पालक प्रभु विष्णु के पास जाएं। विष्णु ने उन्हें आदेश दिया कि वे समस्त जड़ी-बूटियां एकत्रित कर क्षीर सागर में डाल दें। उसके बाद वे असुरों से शांति वार्ता करने जाएं और प्रस्ताव रखें कि देवता और असुर मिल कर समुद्र मंथन करें, जिसमें मंदराचल की मथानी हो और नागराज वासुकी का रस्सा। मंथन से अमृत निकलेगा, जो अमरत्व प्रदान करने वाला पेय है। उसे पीकर देवता पुनः शक्तिशाली बन जाएंगे। देवताओं और असुरों ने जैसा कहा गया, वैसा ही किया। किंतु मंदराचल विशाल और अधिक भारी होने के कारण डूबने लगा। तब विष्णु ने स्वयं को एक विशालकाय कछुए अर्थात कूर्म रूप में अवतरित किया और अपनी पीठ पर मंदराचल को संभाल लिया।

समुद्र मंथन में अनेक चमत्कारिक रत्न निकले। पवित्र गाय सुरभि, मदिरा की देवी वारुणी, स्वर्ग का वृक्ष पारिजात,

स्वर्ग की सुंदरियां, अप्सराएं, शीतल किरणों वाले चंद्र देव और हलाहल विष जिसे नागों के देवता ले गए। अंत में कमल आसन पर स्थित सौंदर्य की साक्षात मूर्ति, समृद्धि की देवी लक्ष्मी प्रकट हुईं। उनके साथ देवताओं के वैद्य धन्वंतरि आए, जिनके हाथ में एक पात्र में अमरता का पेय अमृत था।

देव और असुर दोनों ही अमृत बांटने वाले थे। किंतु देवों को लक्ष्मी के अवतरण में आकर्षित पा असुरों ने अमृत चुरा ले जाने की सोची। तुरंत विष्णु ने मोहिनी रूप धारण किया। सुंदर नारी वेष में मोहिनी की ओर असुर आकर्षित हुए, तो वह अमृत उठा ले गई और देवताओं को दे दिया, जिससे उनकी शक्तियां पुनः लौट आईं।

जैसा कि मत्स्य अवतार के विषय में था, कूर्म अवतार की कथा भी सबसे पहले शतपथ ब्राह्मण में कही गई कि कूर्म नई पीढ़ी के सृजन के उद्देश्य से अवतरित हुआ ब्रह्म का ही रूप है।

आंध्र प्रदेश में श्रीकूर्मम नाम से एकमात्र कूर्म मंदिर है। वंशधारा और लांगली नदियों के बीच स्थित यह मंदिर मूलतः एक शिव मंदिर था, जिसे मध्यकालीन उपदेशक रामानुज ने वैष्णव रूप दिया। भीतर गर्भगृह में मुख्य मूर्ति विष्णु की ही है, लेकिन आंगतुक को सबसे पहले दर्शन देने वाली मूर्ति कूर्म की है, जिसकी पीठ भक्त की ओर है और पूंछ उठी हुई है। एक स्थानीय कथा के अनुसार उनका एक अनन्य भक्त भील राजा मंदिर की भित्ति के पीछे खड़े होकर नियम से उनकी पूजा करता था। उसकी भक्ति से प्रसन्न होकर कूर्म उसकी ओर घूमे और फिर वहीं स्थिर हो गए। संभव है कि यह कथा इसलिए गढ़ी गई हो, क्योंकि कूर्म पश्चिम की ओर मुख करके स्थापित हैं, इसकी व्याख्या की जा सके। मूर्ति

स्थापना के नियम के अनुसार प्रमुख देवता की मूर्ति का मुख सदैव पूर्व की ओर रहना चाहिए। यह भी संभव है कि यह एक ऐसा उदाहरण हो, जिसमें वैदिक संस्कृति से हटकर स्थानीय भील जाति के कच्छप देवता को हिंदू देवों में सम्मिलित कर लिया गया हो। क्योंकि यह कूर्म अवतार जैसे ही दिखते हैं।

दक्षिण पूर्व एशिया में समुद्र मंथन कथा अत्यंत लोकप्रिय है। इंडोनेशिया और कंबोडिया के अनेक मंदिरों में यह चित्रित है। अंगकोर वाट के मंदिर की भित्तियों पर विष्णु को कच्छप की पीठ पर नृत्य करते दिखाया गया है, जबकि देवता और असुर वासुकि का एक-एक छोर पकड़े हुए चित्रित हैं। किंतु सबसे उल्लेखनीय शिल्प कंबोडिया के प्राचीन नगर अंगकोर थॉम में दिखते हैं। नगर में प्रवेश करने के लिए पांच विशाल प्रवेश द्वार हैं। प्रत्येक द्वार मेरु पर्वत का प्रतिनिधित्व करता है। प्रत्येक द्वार पर चार विशाल सिर बने हैं, प्रत्येक शीश एक प्रमुख दिशा की ओर देखता है। प्रत्येक देव या असुर का चित्र मानव आकार से बड़ा है।

खमेर देवांकनों में धरती को नीचे कच्छप का प्रतीक, जो कि विष्णु के अंश से जन्मा अवतार है, माना गया है, जिसकी पत्नी भू देवी हैं। मेरु पर्वत पर बने चार सिर सर्वदृष्टा विष्णु के प्रतीक हैं। विष्णु को अंगकोर थॉम के केंद्रीय बेयान मंदिर की भित्तियों में चित्रित किया गया है। वहां यह कथा अनेक घटनाक्रम में सुनाई जाती है। मंथन कर रहे दंड के ऊपर बैठने का अर्थ है सर्वोच्च स्थिति, जैसे आकाशचारी सूर्य मध्याह्न समय शिखर पर हों।

समान्यतः कूर्मावतार चतुर्भुज चित्रित होता है, जहां ऊपरी धड़ मानव का व अधोभाग कच्छप का है।

वराह अवतार

वराह विकासक्रम की अगली कड़ी है, जो कि एक थलचर भी है और स्तनपायी भी।

तैत्तिरीय आरण्यक और शतपथ ब्राह्मण बताते हैं कि आरंभ में विश्व में जल ही जल था, भूमि तो केवल हथेली भर ही थी। प्रजापति (ब्रह्म) ने वराह रूप धरकर धरती को जल से बाहर निकाला। ब्राह्मण में वराह का नाम दिया है एमूषा। वे धरती के पति भी हैं। लेकिन रामायण और विष्णु पुराण में जहां कहीं भी वराह अवतार का वर्णन आया है, ब्रह्म के स्थान पर विष्णु का वर्णन किया जाता है।

एक वैदिक ऋषि कश्यप ने अदिति, दिति और सर्जक शक्ति दक्ष की अन्य कन्याओं से विवाह किया। अदिति ने देव तत्व आदित्य को जन्म दिया। दिति ने असुरों-दैत्यों को जन्म दिया जिनमें से दो दैत्य महाभयंकर थे–हिरण्याक्षु और हिरण्यकशिपु। पूर्वजन्म में ये दोनों विष्णु के द्वारपाल थे। लेकिन उनके अभिमान ने कुछ ऋषियों को क्रुद्ध कर दिया। उन्होंने दोनों को अगले जन्म में दैत्य बन जाने का शाप दिया। वे अत्याचार की मूर्ति थे और मानवों को अतिशय पीड़ित करते थे। वे देवों तक को सताते थे। एक दिन बड़े भाई हिरण्याक्ष ने धरती को चटाई में लपेटा और समुद्र में फेंक आया। धरती ने आर्तनाद किया, जो वैकुंठ तक में सुनाई दिया। तुरंत विष्णु एक विशालकाय वराह बने और समुद्र तल की ओर तैरे। वहीं हिरण्याक्ष से युद्ध हुआ और दैत्य मारा गया। विष्णु तब मां धरती को अपने विशाल दांतों में पकड़कर तल से जल के ऊपर ले आए।

देवताओं और ऋषियों ने विशाल वराह की स्तुति की।

वराह ने धरती को समुद्र के ऊपर स्थापित किया, जहां वह अपने अत्यधिक विस्तार के कारण जलयान के समान तैरती रहती है, लेकिन जल के भीतर डूबती नहीं।

पुराणों के अनुसार वराह का आकार चौड़ाई में दस योजन और ऊंचाई में सहस्त्र योजन था। उनका रंग काले मेघों जैसा, दांत सफ़ेद, तीखे और भयानक दिखते थे। वे पर्वत जितने विशाल थे। कंधे और कटि प्रदेश विस्तृत थे। गर्जना में वज्र की ध्वनि थी। आंखों से आग निकलती थी। वे सूर्य के समान प्रकाशमान थे और सिंह की भांति छलांग लगाते थे। अद्‌भुत सौंदर्य की सत्य मूर्ति।

जल से पृथ्वी को बाहर लाना, पापों में डूबी पृथ्वी की रक्षा करने का प्रतीक भी है।

वराह अवतार की कथा गुप्त काल के अनेक रेखांकनों और शिल्प में प्रदर्शित होती है। मध्य प्रदेश की उदयगिरि गुफाओं में गुप्तकालीन पांचवीं ईस्वी शताब्दी के प्राप्त हुए शिल्प उनमें से सबसे अधिक प्रभावशाली हैं। इनमें छोटी सी मां पृथ्वी को अपने दांतों पर विराजमान किए विशालकाय वराह वस्तुतः दर्शनीय हैं।

उत्तर प्रदेश के झांसी नगर में भी एक प्रसिद्ध वराह मंदिर है, जो अब ध्वस्त हो गया है। वराह का सर्वाधिक विख्यात आवास है, तिरुपति से ऊपर तिरुमल नगर का मंदिर। इसे वराह क्षेत्र भी कहते हैं। कृत युग समाप्ति के समय भक्तों ने वराह भगवान से प्रार्थना की कि वे धरती पर निवास करें और भक्तों की रक्षा करें। वे मान गए और कृदाचल नामक अपने दैवी उद्यान को मंगाया, जिसे उनके वाहन गरुड़ वैकुंठ से ले आए और उसे वैकुंठ नामक पहाड़ियों पर रखा गया।

वहां वराह भगवान विष्णु के एक अन्य अवतार वेंकटेश्वर के साथ निवास करते हैं। तिरुमल में वस्तुतः वराह मूर्ति को ही प्रथम पूजा और नैवेद्य प्राप्त होता है।

कम लोगों ने इस तथ्य पर ध्यान दिया होगा कि जिस कल्प में हम रह रहे हैं, वह श्वेत वराह कल्प है। धार्मिक कार्यों के दौरान कर्मकांड करने वाला यजमान संकल्प में दिन, तिथि, मास, ऋतु संवत्सर का उल्लेख करता है और तब कल्प में श्वेत वराह कल्प का नाम आता है। ये वही वराह भगवान हैं, जिन्हें तिरुमल की पहाड़ी पर अवस्थित बताया जाता है।

एक अन्य महत्वपूर्ण वराह मंदिर तमिलनाडु के चिदंबरम स्थान के निकट श्रीमुषणम में मिलता है। यहां वराह की पूजा हिंदू-मुसलमान दोनों करते हैं। तमिल महीने मासि (फ़रवरी-मार्च) में दोनों समुदाय कांसे की उत्सव मूर्ति लेकर गरिमापूर्ण शोभायात्रा रूप में किल्लाइयम्बल्ली गांव तक जाकर वराह अवतार के कार्य को दोहराने के प्रतीक स्वरूप समुद्र में स्नान करते हैं। इस मंदिर के देवता को अनेक चमत्कारों का श्रेय दिया जाता है, जिसके कारण इस क्षेत्र के मुस्लिम तक इस देवता को वराह साहब के नाम से पुकारते हैं।

मत्स्य और कूर्म अवतारों के शरीरों में ऊपरी धड़ मानव और अधोभाग क्रमशः मत्स्य और कूर्म का था। किंतु वराह अवतार में सिर वराह का है, शेष भाग मानव का है। चार भुजाओं में वे विष्णु के आयुध धारण किए हुए हैं।

एक पौराणिक कथा है जिसके अनुसार वराह और भूदेवी के वैवाहिक जीवन में एक शिशु होता है–नरक। उसकी मां विष्णु से नरक के पिता का नाम छिपाए रखती हैं। नरक

एक असुर है, जो धनी और शक्तिशाली है और अधो लोक पाताल का शासक है। बाद में उसे विष्णु मार देते हैं। मृत्यु के समय उसके पिता का नाम उजागर होता है। नरक बाहरी संसार से छिपे रहने के कारण बने हेड्स का हिंदू देवता है। दक्षिण भारतीय परंपरा के अनुसार उसका वध श्री कृष्ण ने दीपावली को किया। उस दिन को नरक चतुर्दशी कहते हैं। वह प्रतिवर्ष विष्णु द्वारा आसुरी शक्तियों पर विजय के पर्व के रूप में मनाया जाता है।

भारतीय परंपरा में वराह का जल से घनिष्ट संबंध है और माना जाता है कि वे वर्षा आगमन की भविष्यवाणी कर सकते हैं। धरती को दांतों पर उठा लेने की वराह की क्षमता ने कदाचित उनको खेत जोतने और कृषि कार्यों से जोड़ दिया है। इस तरह वराह की कथा सर्वभक्षी जल से पृथ्वी को बचाने की कथा है। नरक, जो विष्णु और धरती का पुत्र है, ऋग्वेद के दैत्य वृत्र का रूप माना जाता है, जो सूखे का स्वामी था। जैसे वराह खेत जोतता और धरती को बचाता है, उसी प्रकार विष्णु सूखे पर विजय पा लेते हैं। यह कृषि और मनुष्य की अन्न उत्पादन क्षमता की विजय है। दक्षिण में दीपावली नवंबर में मनाई जाती है। यह वर्षा की सूखे पर विजय और धरती और कृषि उपज की रक्षा का उत्सव है।

नरसिंह अवतार

हिरण्याक्ष के वध के बाद उसके भाई हिरण्यकशिपु ने शपथ ली कि वह भाई की मृत्यु का प्रतिशोध लेगा। यद्यपि वह भी अपने भाई जैसा दुष्ट ही था, फिर भी उसने घोर तपस्या की और ब्रह्मा जी से एक शक्तिशाली वरदान प्राप्त किया कि उसकी मृत्यु न मनुष्य के हाथों होगी, न पशु के हाथों, न रात में न दिन में, न घर में, न बाहर, न धरती पर, न आकाश में, न जल में, न शस्त्र से, न अग्नि से, न जल से। यह अद्भुत वरदान पाते ही हिरण्यकशिपु क्रूर और अत्याचारी बन गया। उसने देवताओं के अस्तित्व को नकार दिया और धरती, आकाश व पाताल पर आधिपत्य स्थापित किया। घमंड उसमें घर कर गया और आतंक तथा भय का उपयोग कर वह विश्व पर शासन करने लगा।

हिरण्यकशिपु के एक पुत्र था, प्रह्लाद, जो विष्णु का अनन्य भक्त था। पिता उससे जब भी पूछते कि बताओ क्या पढ़ा, वह विष्णु की स्तुति सुनाने लगता। हिरण्यकशिपु को इससे बड़ा क्रोध हुआ और वह अपने पुत्र से घृणा करने लगा। उसने प्रह्लाद को मार डालने की धमकी दी, पर प्रह्लाद अपनी भक्ति पर अडिग रहा। घृणा के वशीभूत हिरण्यकशिपु ने राक्षस समूहों को आज्ञा दी कि वे प्रह्लाद को अपने आयुधों से मार डालें, किंतु प्रह्लाद उनसे भयभीत नहीं हुआ।

हिरण्यकशिपु ने सांप बुलाए कि वे उसे डस लें और मार डालें। उन्होंने प्रह्लाद पर दंश किए, इतने कि उनके विष दंत उखड़ कर गिर गए और उनके मणियों वाले फन फूट गए, उनकी फणों में ताप उतर आया और हृदय में भय व्याप्त हो गया। लेकिन युवा प्रह्लाद निरापद रहा।

तब हिरण्यकशिपु ने अपने हाथियों को आदेश दिया कि

वे प्रह्लाद को पटक कर कुचल दें, किंतु प्रह्लाद तो विष्णु में मग्न रहा और हाथियों के दांत उसके वक्ष से टकरा कर कुंठित हो गए। राजकुमार के चारों ओर लकड़ियां चिन दी गईं और आग लगा दी गई, ताकि जलकर उसकी मृत्यु हो जाए। लेकिन प्रह्लाद की त्वचा पर वे ज्वालाएं शीतल और सुगंधित हो गईं। तब राजकुमार को विष दिया गया। किंतु वह भी निष्प्रभावी रहा। हिरण्यकशिपु ने प्रह्लाद को बांधकर गहरे समुद्र में फेंका, किंतु प्रह्लाद ने विष्णु का ध्यान किया और हर बार बचता रहा।

इससे ऊब चुके हिरण्यकशिपु ने पूछा कि वो विष्णु कहां देखने को मिलेगा? 'सर्वत्र,' प्रह्लाद ने उत्तर दिया। राजा ने एक खंभे पर लात मारी और कहा, 'क्या खंभे में देवता है?' खंभे को चीरकर नरसिंह बाहर निकले। उनका सिर सिंह का था, शरीर मानव का अर्थात न पशु, न मनुष्य। दैत्य से उन्होंने युद्ध किया और उसे देहरी तक घसीट लाए। अर्थात न घर के अंदर, न बाहर। तब संध्या काल था, न दिन, न रात। तब विष्णु के उस नरसिंह अवतार, जो न मानव था न पशु, ने अपने नखों–न अस्त्र, न अग्नि, न जल से हिरण्यकशिपु के शरीर को चीरकर उसे मार डाला। इस प्रकार ब्रह्मा के वरदान की रक्षा करते हुए विष्णु ने दैत्य का वध किया।

कहा जाता है कि रक्त देखकर नरसिंह के भीतर सिंह भाव इतना उग्र हो गया था कि वे अनियंत्रित होकर अपना आतंक फैलाने लगे। देवगण, यहां तक कि ब्रह्मा और विष्णु भी उनको शांत नहीं कर पाए। तब अंत में भक्त प्रह्लाद को दायित्व दिया गया कि देवता के सिंह भाव को वे शांत करें और उन्हें सहज भाव में स्थिर करें।

यह प्रथम दृष्टांत है, जब अनन्य भक्त के साथ अवतार लिया गया। वे दोनों ही नारायण और नर के स्वरूप हैं। एक कार्य करता है, दूसरा पूजा करता है।

नरसिंह पूजा आंध्र प्रदेश, कर्नाटक और उत्तरी तमिलनाडु में अति प्रचलित है। छोटे-बड़े सहस्त्रों नरसिंह मंदिर हैं। आंध्र प्रदेश में विशेषतः बत्तीस नरसिंह मंदिर हैं, जो तीर्थाटन के प्रमुख स्थल हैं.

आंध्र प्रदेश में अहोबलम का रौद्र नरसिंह मंदिर अत्यधिक महत्व का है। माना जाता है कि यही वो स्थान है, जहां नरसिंह ने हिरण्यकशिपु का वध किया था। वह खंभा, जिससे नरसिंह प्रकट हुए थे और वह झील जिसमें नरसिंह ने रक्त से सने हाथ धोए थे, दोनों ही यहां स्थित हैं। यह तीर्थ इतना महत्वपूर्ण है कि वैष्णव पंथ के वदागलाई संप्रदाय (उत्तरी शाखा) की पीठ अहोबलम में स्थित है और समुदाय के अध्यक्ष को अलगिया सिंगार (सुंदर सिंह) नाम दिया गया है।

आंध्र प्रदेश के तटीय नगर विशाखापत्तनम जल पत्तन के निकट सिंहाचलम पहाड़ी पर स्थित मंदिर नरसिंह मंदिरों में सबसे अधिक प्रसिद्ध है। देवमूर्ति का नाम है वाराह नरसिंह मूर्ति और उन पर चंदन का लेप किया जाता है, ताकि दैत्य के वध के बाद उनका क्रोध शांत हो जाए। सिंहाचलम का महत्व इस कारण बढ़ जाता है क्योंकि ऐसा माना गया कि प्रह्लाद यहीं बसे और शासन करते रहे।

आंध्र प्रदेश के अन्य महत्वपूर्ण नरसिंह मंदिरों में सम्मिलित हैं–

- अंतरवेदी, जहां, माना जाता है कि नरसिंह द्वारा शून्य में फेंका गया हिरण्यकशिपु का शव गिरा था।

- खाद्रि, जहां उग्र नरसिंह का भयकारी रूप शांत हुआ।
- अनतावाडी–यह महाभारतकालीन पांडव भाइयों द्वारा निर्मित नरसिंह मंदिर की प्रतिकृति माना जाता है।
- मंगलागिरि–यह ज्येष्ठ पांडव युधिष्ठिर द्वारा निर्मित माना जाता है।
- पेन्ना अहोबलम–यह पेन्ना नदी के तट पर स्थित है। यहां पूजा के लिए मूर्ति नहीं है, बस पूजा स्थल पर नरसिंह के चरण चिह्न है, जो कि 5×3 फीट के हैं।
- खमाम–य्रह काकातीय शासकों द्वारा निर्मित है।
- कोरुकुंड–चालुक्य शासकों द्वारा निर्मित है।
- सींगपटनम, जहां नरसिंह शिवलिंग के रूप में हैं।
- कोनदुर्ग–यहां एक पर्वत की गुफा में मूर्ति है, किंतु चढ़ने के लिए न तो सीढ़ियां हैं, और न रास्ता।
- सिंगारयकोंडा–सिंह राजा या सिंगारय की पहाड़ी।

तमिलनाडु के नामक्कल स्थान में बहुत प्रसिद्ध नरसिंह मंदिर है।

कर्नाटक में होलेनरसीपुर, सालिग्राम, कोन्नाकुंतल और कर्परक्षेत्र महत्वपूर्ण स्थलों में से कुछ एक हैं। नरसिंह की सबसे भव्य, विशाल मूर्ति हंपी में है। हंपी विजयनगर साम्राज्य की राजधानी रही है। 1528 ईस्वी में राजा कृष्णदेवराय के शासनकाल में बनी यह मूर्ति केवल एक विशाल शिला को कांट-छांटकर बनाई गई है और इस मूर्ति के अंग-प्रत्यंग व आभूषणों को अत्यंत बारीक़ी से उकेरा गया है। मूर्ति के अनंत काल तक इसी अवस्था में रहने के साक्ष्य के प्रतीक रूप में इसके आधार मंच पर सूर्य और चंद्रमा बनाए गए हैं। कई

जगह से टूट चुकने के बाद भी यह 22 फीट क़ी विशाल, चकित करने वाली, गौरवशाली मूर्ति है।

जोशीमठ, उत्तर प्रदेश के उग्र नरसिंह, उड़ीसा के नृसिंहनाथ में विडाल नृसिंह मंदिर और महाराष्ट्र के राथेर और चारथान के मंदिर महत्वपूर्ण हैं।

नरसिंह क्रा अंकन सिंह के धड़ वाले मानव के रूप में किया। जाता है। कभी-कभी लक्ष्मी जी को उनके घुटने पर विराजमान दिखाया जाता है, उनका यह रूप लक्ष्मी-नरसिंह के नाम से जाना जाता है।

उपासना पंथ का विस्तार और अनेक स्थलों का कथा से जुड़ाव प्रकट करता है कि नरसिंह आंध्र में लोकप्रिय स्थापित देवता थे। प्रह्लाद को सिंहाचलम का शासक माना जाता है और संभव है कि नरसिंह देव की उपासना यही से प्रारंभ हुई हो।

नरसिंह होमोसेपियंस मानवों के विकास की आरंभिक प्रक्रिया अर्थात चार पैरों से दो पैरों वाले मानव में रूपांतरण का प्रतीक बन जाते हैं।

वामन अवतार

विष्णु का वामन अवतार ऋग्वेद के सौर देवता के वर्णन से ध्वनित होता है, जो आकाश में तीन डग भरता है।

असुर वंशावलि में प्रह्लाद के पौत्र विरोचन के पुत्र बालि ने देवताओं के राजा इंद्र पर विजय प्राप्त की और ब्रह्मांड का राजा बन बैठा। उसने देवताओं को विवश किया कि वे इंद्र की अमरावती छोड़ दें।

विजय का समारोह मनाने के प्रयोजन से बालि ने विशाल यज्ञ किया। व्याकुल इंद्र व अन्य देवता सहायता मांगने विष्णु के पास गए। देवताओं ने विष्णु से कहा कि वे बालि की विख्यात दानशीलता का लाभ उठाएं और दैत्य से ब्रह्मांड का साम्राज्य इंद्र को वापस करने का दान मांगें। बालि को किसी याचक को न करते नहीं सुना गया था।

विष्णु ने देवताओं की सहायता करना स्वीकार कर लिया और बालि को पराजित कर स्वर्ग का राज्य वापस करने की बात भी मान ली। वे ऋषि कश्यप और अदिति के बौने पुत्र बन कर जन्मे। वे इंद्र के स्वर्ग में बालि के यज्ञ में पहुंचे। बालक के मुख का तेज देख बालि इतना प्रभावित हुआ कि वह जो चाहे—स्वर्ण, भवन, ग्राम, भोजन, पेय, अश्व, हाथी, गाएं और रथ—देने का वचन दिया। वामन ने उत्तर दिया कि समझदार व्यक्ति आवश्यकता से अधिक कुछ नहीं मांगते हैं और कहा कि वे तो भूमि का छोटो—सा अंश मात्र चाहते हैं, जितना तीन डग में आ जाए। बालि के गुरु शुक्राचार्य, जो दैत्यों के गुरु थे, ने विष्णु को पहचान लिया और बालि से इसे स्वीकार करने से मना करने को कहा।

किंतु बालि ने अपना वचन निभाने की हठ की और

कहा कि भले ही उसका घर चला जाए पर वह वचन नहीं तोड़ेगा।

इस प्रकार विष्णु ने तीन डग भरे। पहले से धरती नप गई। दूसरे से आकाश और स्वर्ग नप गए। तब उन्होंने बालि की भर्त्सना की कि तीसरे डग के लिए कुछ भी नहीं बचा और उसे पाताल भेज दिया। बालि नरक से उतना भयभीत नहीं था, जितना कि अपनी अपकीर्ति से। इसीलिए उसने अपना सिर तीसरा डग धरने हेतु प्रस्तुत कर दिया।

विष्णु ने अपना चरण बालि के शीश पर रखा और कुचलने लगे। तब प्रह्लाद प्रकट हुए और विनती की कि वे उनके पौत्र बालि को दंड न दें, क्योंकि वह दंडनीय नहीं है। तब विष्णु ने थोड़ी नरमी दिखाई, लेकिन बालि को तब तक दबाते रहे जब तक कि वह पाताल नहीं पहुंच गया।

इस कथा के बीज शतपथ ब्राह्मण में मिलते हैं। असुरों ने धरती जीती और आपस में बांटने का निर्णय किया। देवताओं ने भी यह सुना और इच्छा की कि पृथ्वी पर फिर से उनका अधिकार हो जाए। उन्होंने विष्णु को यज्ञ के शीर्ष पर स्थापित किया और धरती पर अपना भाग मांगा। विष्णु इस कथानुसार वामन रूप में थे, अतः असुरों ने उन्हें उनके लेटने भर की भूमि देने को कहा। देवताओं ने मान लिया और इस प्रकार वे संपूर्ण भूमि पा गए।

केरल में लोगों का विश्वास है कि बालि उनकी भूमि के शासक थे। वामन रूप में जब विष्णु ने बालि को जीता, तो उनकी प्रजा उनके संभावित वियोग में व्याकुल हो गई और याचना की कि वे उन्हें छोड़कर न जाएं। बालि ने विष्णु से प्रार्थना की कि वे वर्ष में एक बार अपनी प्रजा से मिलने

आ सकें, ऐसी वे आज्ञा दें। विष्णु ने यह इच्छा पूरी की। केरल में प्रति वर्ष बालि के राजधानी में आने का समारोह ओणम उत्सव के रूप में मनाया जाता है, जो चिन्गोम मास में होता है। यह माना जाता है कि यह कथा इसका एक प्रतीक है कि हर वर्ष, जब तपती, सूखी ग्रीष्म ऋतु (सौर देवता विष्णु) अपना चक्र पूरा कर लें, तो कृषि उपज का निवेदन (बालि) किया जाए।

केरल में मवेलिकरा वह स्थल है, जहां वामनावतार का प्रसिद्ध मंदिर है। इसका स्थानीय नाम है त्रिक्काकराई। यह माना जाता है कि विष्णु ने बालि को दबाकर यहीं से पाताल भेजा था।

वामन को या तो ठिगना चित्रित किया गया है, या बालि के झुके हुए शीश पर चरण रखे हुए विशालकाय। कर्नाटक का बादामी गुफा मंदिर, जो कि चालुक्य काल का है, में वामन को विशाल त्रिविक्रम के रूप में अंकित किया गया है, जिनका एक पैर उठा हुआ है।

कांचीपुरम में उलगलंदा पेरुमल (विष्णु, जिन्होंने ब्रह्मांड नापा) मंदिर में मुख्य देवता के रूप में विशाल वामन की एक विराट मूर्ति है।

विकास क्रम में, वामन एक अपूर्ण प्रजाति है, ठिगने रूप में। वह इस प्रकार प्रारंभिक दो पैरों वाली होमोसेपियंस प्रजाति का प्रतिनिधित्व करते हैं, जो पर्याप्त छोटे थे, जैसा कि जीवाश्म मानवशास्त्र ने भी सिद्ध किया है।

परशुराम अवतार

विष्णु ने परशुराम का अवतार लेकर उन क्षत्रियों का नाश किया, जो कि अभिमानी हो गए थे और आपस में सदैव लड़ते रहते थे।

परशुराम अर्थात परशु लिए हुए राम। वे ऋषि जमदग्नि और रेणुका के पांचवे पुत्र थे और जामदन्य राम भी कहे जाते थे।

रेणुका एक पवित्र महिला थीं और उत्तम गृहिणी की अपनी योग्यता और क्षमता के कारण प्रसिद्ध थीं। एक दिन जब वे नदी स्नान करने के लिए गईं, तो उन्होंने मृत्तिकावती के राजकुमार चित्ररथ को अपनी पत्नी के संग जल विहार करते पाया। उन्हें उनके क्रीड़ा और आनंद से ईर्ष्या हुई और वे अशांत मनःस्थिति में अपनी कुटी में लौटीं। उनके अंतर्यामी पति ने तुरंत भांप लिया कि रेणुका की एकाग्रभक्ति और पवित्रता भंग हो गई है। क्रुद्ध जमदग्नि ने अपने पुत्रों को बुलाया और कहा कि वे अपनी माता का वध करें। पहले चार ने मना किया और उन्हें बुद्धिहीन रहने का शाप मिल गया।

तब परशुराम आए। जब पिता की आज्ञा सुनी, तो आज्ञापालक पुत्र ने तुरंत परशु उठाया और रेणुका का सिर काट दिया। प्रसन्न जमदग्नि ने परशु से इच्छित वर मांगने को कहा। परशुराम ने तुरंत मांगा कि मां को जीवन मिले और अभी हुई मृत्यु की स्मृति शेष न रहे, मां के सभी कलुष मिट जाएं और वे पहले की तरह ही पवित्र हो जाएं व भाइयो की बुद्धि पहले की ही तरह सक्रिय हो जाए। अपने लिए उन्होंने मांगा कि एकल युद्ध में वे अपराजेय रहें और चिर जीवन पाएं। जमदग्नि ने उन्हें सभी वर प्रदान किए।

हैहय जनजाति के राजा कार्तवीर्य की हज़ार भुजाएं थीं और एक स्वर्ण रथ था, जो इच्छा करते ही उसे इच्छित स्थान तक ले जाता था। किंतु वह दुष्ट था और देवता, ऋषि व प्रजा को सताता था। एक दिन वह जमदग्नि की कुटिया में आया। पति की अनुपस्थिति में रेणुका ने उसका स्वागत आदर और शिष्टता से किया। उनकी अतिथि सेवा का आभार मानने के बजाए वह अभिमानी राजा उनकी दुधारू गाय का बछड़ा उठाकर ले गया। जब परशुराम कुटी में लौटे, तो उन्होंने अपनी गाय को बहुत परेशान देखा। सारी घटना जानने के बाद उन्होंने कार्तवीर्य को युद्ध के लिए ललकारा। परशुराम ने पहले उस राजा की हज़ार भुजाएं काट गिराईं, फिर उसका वध किया।

कार्तवीर्य के पुत्रों ने पिता के वध का प्रतिशोध लेने के लिए परशुराम की अनुपस्थिति में कुटी पर आक्रमण किया और वृद्ध एवं शांत जमदग्नि का वध कर दिया। जब परशुराम लौटे और पिता की वध की हुई देह देखी, तो वे भड़क उठे। उन्होंने प्रतिज्ञा की कि वे पृथ्वी पर से क्षत्रिय जाति ही मिटा देंगे। यह प्रण उन्होंने मन लगाकर पूरा किया और तभी रुके, जब सभी क्षत्रिय अपने बच्चों समेत इस पृथ्वी पर से समाप्त हो गए।

महाकाव्यों और पुराणों में यह कथा समान रूप से उल्लिखित है। किंतु *रामायण* में यह कथा आगे बढ़ती है और विष्णु के अगले अवतार राम अयोध्या के राजकुमार के रूप में परशुराम को नियंत्रित कर देते हैं।

राम मिथिला में जनक के यज्ञमंडप में रखे शिव के शक्तिशाली धनुष को तोड़कर, जनकपुत्री सीता का पाणिग्रहण

कर अपनी राजधानी अयोध्या लौट रहे थे। परशुराम ने उन्हें टोका। चूंकि राम क्षत्रिय थे, और परशुराम ने सभी क्षत्रियों के वध का प्रण कर रखा था, परशुराम ने राम को विष्णु के धनुष को मोड़ने की चुनौती दी। राम ने चुनौती स्वीकार कर ली और धनुष चढ़ाया और मोड़ दिया। राम ने परशुराम का वध नहीं किया, क्योंकि वे ब्राह्मण थे, किंतु परशुराम को हिमालय जाना पड़ा, जहां उन्होंने अपना शेष जीवन बिताया।

यह सामान्य धारणा है कि *रामायण* की यह कथा एक क्षेपक है और इस कारण जोड़ी गई है कि राम की प्रभुता प्रतिष्ठित हो सके और विष्णु से उनकी एकरूपता स्थापित हो।

परशुराम-पूजा उत्तर भारत में प्राप्त ईसा की दूसरी शताब्दी के एक अभिलेख में मिलती है। भारत का दक्षिणी पश्चिमी तट—गोवा, कर्नाटक और केरल की तटीय भूमि, परशुराम क्षेत्र कही जाती है और माना जाता है कि परशुराम ने यह समुद्र से छीन ली थी। क्योंकि उन्होंने असंख्य मनुष्यों को मारा था, इसलिए उन्हें प्रायश्चित के रूप में तीर्थ जाना पड़ा ताकि वे उपयोगी काम कर सकें, जिनमें एक था पश्चिमी तट का उद्धार। एक कथा के अनुसार, परशुराम ने समुद्र को पीछे धकेलने के विचार से जल में एक तीर मारा, तब समुद्रों के देवता वरुण प्रकट हुए और उन्होंने परशुराम को यह भूमि उपहार में दी। एक अन्य वर्णन के अनुसार उन्होंने समुद्र को पीछे धकेला और पर्वतों (पश्चिमी घाट में) में दरारें बना दी थीं। कहा जाता है कि वे उत्तर से ब्राह्मणों को अपने साथ इस क्षेत्र में लाए। और केरल के नंबूदरी ब्राह्मण बताते हैं

कि वे परशुराम के संग दक्षिण आए। उन्हें इस क्षेत्र में सहस्त्रों मंदिर बनवाने और संस्कृत ग्रंथों पर आधारित कर्मकांडों की स्थापना का भी श्रेय दिया जाता है।

जमदग्नि का आश्रम, जहां परशुराम ने अपनी मां का सिर काटा था, हिमाचल प्रदेश में नाहन के पास रेणुका नामक गांव में स्थित माना जाता है। परशुराम मंदिर परशुराम ताल (एक झील) के किनारे स्थित है। यह तीर्थ यात्रा के लिए एक प्रसिद्ध स्थान है और स्थानीय लोगों में पुरानी देउती नाम से प्रसिद्ध है।

रेणुका देवी दक्षिण भारत की भी लोकप्रिय ग्राम-देवी हैं। वे एक सिरविहीन देवी के रूप में बनाई जाती हैं, जिनके सिर के स्थान पर एक पात्र रखा होता है।

केरल के त्रिचूर में वदक्कुनाथन (उत्तरी देवता) मंदिर में एक छोटी पवित्र वेदिका बनी है, जिसे मूल स्थानम कहते हैं। वह परशुराम की स्मृति में बनाई गई है। कहा जाता है कि अंतर्धान होने से पहले, इसी स्थान से परशुराम ने स्थानीय नंबूदरी पुजारियों को अंतिम आदेश दिए थे। उन्होंने पुजारियों को वचन भी दिया था कि पुजारियों को आवश्यकता अनुभव होने पर वे पुनः प्रकट भी होंगे। परशुराम ने पुजारियों को कुछ मंत्र और कर्मकांड भी बताए, जिनके द्वारा उन्हें बुलाया जा सकेगा। कई वर्षों तक सब ठीक चला, तभी कुछ संदेह से भरे युवकों ने उन आदेशों की सत्यता जांचने के लिए मंत्र-तंत्र दोहराए। परशुराम उसी वेदी पर प्रकट हुए, क्रुद्ध होकर उन संदेह करने वाले युवकों को कुचला और प्रण किया कि वे अब कभी नहीं आएंगे। फिर वे अंतर्धान हो गए।

कर्नाटक के नंजनगुड में परशुराम देवालय और उड़ीसा के भुवनेश्वर मंदिर अन्य महत्वपूर्ण मंदिर हैं।

महाराष्ट्र के फेडे स्थित परशुराम मंदिर के साथ एक बड़ी मनोरंजक कथा जुड़ी है। बीजापुर के आदिलशाही वंश की एक धनाढ्य मुस्लिम महिला ने व्यापारिक वस्तुओं से भरे जलयान अरब देश भेजे। अरब सागर में एक भयंकर चक्रवात चला। अपने जलयानों की रक्षा के लिए उस मुस्लिम महिला ने परशुराम से प्रार्थना की कि वे यदि समुद्र को शांत कर भूमि वापस ला सकेंगे, तो निश्चय ही उसके जलयान बच जाएंगे। तुरंत चक्रवात रुक गया और जलयान अपने गंतव्य तक सुरक्षित पहुंच गए। उस महिला ने फेडे में परशुराम की प्रतिष्ठा में एक मंदिर बनवाया, जो हिंदुओं और मुसलमानों की तीर्थयात्रा का एक प्रमुख केंद्र बना।

सामान्यतः परशुराम को क्रुद्ध, उत्तेजित और अनियंत्रित रूप में वर्णित और चित्रित किया जाता है। वे पाषाण कालीन मानव की प्रसिद्ध कथाओं का स्मरण दिलाते हैं। इससे भी रुचिकर तथ्य यह है कि उनके युद्ध भी एकल युद्ध के रूप में लड़े गए, हाथ में केवल परशु लेकर।

मर्यादापुरुषोत्तम राम

भारत के संस्कृत भाषा के दो महान महाकाव्यों में से एक, *रामायण* का आधार है ऋषि वाल्मीकि द्वारा लिखित राम की कथा। राम का व्यक्तित्व सभी भारतीयों के लिए अनुकरणीय व आदर्श है। यह कथा भारत के कोने-कोने में प्रचलित है। प्रत्येक भाषा में यह कथा बार-बार कही गई है और पूर्वी व दक्षिणी एशिया में यह दूर तक पहुंची है।

यद्यपि रामकथा प्रत्येक भारतीय और दक्षिण पूर्वी एशियाई भाषा में कही गई है, वाल्मीकि रामायण प्राचीनतम और सर्वाधिक प्रामाणिक है।

राम अयोध्या के राजकुमार थे और दुष्ट राक्षसों, विशेषतः रावण के वध हेतु जन्मे थे। राक्षस पृथ्वी को आतंकित किए हुए थे और ऋषियों के यज्ञकर्मों में बाधा डालते थे। उनकी सहायता हेतु पृथ्वी सीता का अवतार धारण कर मिथिला में जनक की पुत्री बनीं और नाग आदि शेष ने राम के भाई लक्ष्मण के रूप में जन्म लिया, जो सदैव राम के साथ रहते थे। कथा लंबी है, लेकिन बिल्कुल सीधी-सी है।

दशरथ उत्तर भारत के अयोध्या के राजा थे। वे निःसंतान थे। उन्होंने अश्वमेध यज्ञ किया। भक्ति से प्रसन्न अग्नि देवता प्रकटे। अग्नि ने दशरथ की तीन रानियों को पीने के लिए तरल दलिया दी, जिससे उन्हें संतान होती। समय के साथ कौशल्या ने राम को जन्म दिया, वे ज्येष्ठ पुत्र थे। दूसरी रानी कैकेयी ने भरत को जन्म दिया। तीसरी रानी सुमित्रा के जुड़वां बच्चे हुए—लक्ष्मण और शत्रुघ्न। राज्य में उत्तराधिकारी के जन्म पर अति हर्ष मनाया गया।

आज भी चैत्र (मार्च-अप्रैल) शुक्ल नवमी को रामनवमी नाम से राम जन्म प्रतिवर्ष मनाया जाता है।

राम जब सोलह वर्ष के हुए, तो ऋषि विश्वामित्र दशरथ के यहां आए और कहा कि दो राक्षसों मारीच और सुबाहु, जो यज्ञ कार्य में बाधा डालते हैं, को पराजित करने के लिए राम की सहायता चाहिए। अनिच्छापूर्वक दशरथ ने राम और लक्ष्मण को जाने दिया। राम-लक्ष्मण के राक्षसों से युद्ध करने के दौरान विश्वामित्र ने उन्हें कई तरह के मंत्र और अस्त्रों का प्रयोग करना सिखाया। जब राम-लक्ष्मण ने राक्षसों को पराजित कर लिया, तो विश्वामित्र उन्हें जनक के दरबार ले गए, जहां शिव का अजेय धनुष राम द्वारा तोड़ा जाना था। मार्ग में राम ने गौतम ऋषि की पत्नी अहिल्या को शाप से मुक्ति दिलाई। बहुत पहले अहिल्या ने अपने पति गौतम के वेष में आए इंद्र के साथ संबंध बनाए, जब ऋषि को यह पता चला, तो उन्होंने अहिल्या को शाप दिया कि जब तक राम जन्म लेकर उनका उद्धार नहीं करते, उन्हें पत्थर बनकर रहना होगा।

जनक ने सीता के विवाह के लिए एक प्रतियोगिता आयोजित की थी। जब जनक खेत जोत रहे थे, तो हल द्वारा बनाई गई रेखा में उन्हें सीता शिशु के रूप में पड़ी मिली थीं। उन्होंने घोषणा की कि जो भी शिव का शक्तिशाली धनुष तोड़ सकेगा, केवल वही उनकी पुत्री के योग्य माना जाएगा। जितने भी राजा आए थे, उनमें से कोई भी तोड़ना तो दूर, धनुष को उठा भी नहीं पाया। राम ने प्रयास किया और सफल हुए, इस तरह वे उस राजकुमारी के वर बने, जिसकी सभी को इच्छा थी। दशरथ को संदेश गया और वे रानियों समेत आए। राम-सीता विवाह तो हुआ ही, राम के तीन भाइयों ने भी जनक की तीन अन्य कन्याओं के साथ विवाह किया।

अयोध्या लौटने पर दशरथ ने राम के लिए राज्य-सिंहासन छोड़ने की इच्छा की। उनकी दूसरी रानी कैकेयी को उनकी दासी मंथरा ने भड़काया, जिससे वे इस निर्णय से बहुत विचलित हो गईं। मंथरा ने अपनी रानी को दशरथ द्वारा दिए गए वरदानों का स्मरण दिलाया, जो उन्होंने रानी को तब दिए थे जब उन्हें युद्ध में घाव लग गए थे और रानी अपनी सेवा से उन्हें स्वस्थ कर पाई थीं। कैकेयी ने मांग की कि उसे वरदान मिलें और कहा कि उसके पुत्र भरत को राज्य मिले और राम को वनवास दिया जाए। राजा गिड़गिड़ाए, समझाते रहे, किंतु कैकेयी अविचलित रहीं। अंत में जब राम को वचन की बात पता चली, तो उन्होंने आग्रह किया कि प्रतिज्ञा का पालन किया जाना चाहिए। वे वन गए और उनके प्रिय भाई लक्ष्मण व पत्नी सीता आग्रह करके उनके साथ गए।

वे दंडक वन पहुंचे और चित्रकूट में बसे। इसी बीच अपने ज्येष्ठ पुत्र से बिछुड़ने के कारण दुखी हृदय लिए दशरथ ने प्राण त्याग दिए। अतः कैकेयी के पुत्र भरत, जो दूर थे और उन्हें राम के वनवास का पता भी नहीं था, को लौटकर आने की आवश्यकता पड़ी। भरत ने सिंहासन पर बैठने से मना कर दिया और राम को अयोध्या वापस लाने के लिए खोजने चले गए। किंतु बड़े भाई ने पिता की प्रतिज्ञा निभाने का आग्रह किया। अंततः भरत ने राम के खड़ाऊं लिए और सिंहासन पर वे खड़ाऊं रख कर राम के लौटने तक चौदह साल प्रतिनिधि की तरह राज्य की देखभाल करते रहे। अपनी मां के पाप का प्रायश्चित्त करने के लिए भरत पूरे समय राजधानी से दूर तपस्वी जीवन बिताते रहे।

राम-लक्ष्मण के साथ वन में अनेक घटनाएं घटीं और उन्होंने अनेक राक्षसों का वध किया। उनका यात्रा मार्ग भारत के हृदय स्थल अर्थात मध्य क्षेत्र का भौगोलिक वर्णन करता है। दस वर्ष के बाद वे गोदावरी नदी के तट पर अगस्त्य मुनि के आश्रम में पहुंचे।

एक दिन लंका के राक्षसराज रावण की बहन शूर्पणखा मुनि के आश्रम के समीप से निकली और सुंदर राम को देखते ही उनके प्रेम में पागल हो गई। शूर्पणखा ने राम से कहा कि वे उससे विवाह कर लें, लेकिन राम ने यह कहकर कि उनका विवाह हो चुका है, मना कर दिया। तब उसने लक्ष्मण से विवाह के लिए कहा, किंतु उन्होंने भी मना कर दिया। सीता को अपने विवाह की बाधा जानकर उसने सीता पर आक्रमण कर दिया। लक्ष्मण सीता के बचाव में आगे आए और शूर्पणखा के नाक-कान काट लिए। क्रुद्ध होकर वह भाई रावण के पास गई और सारी घटना बताई। सुंदर स्त्रियों के प्रति अपने भाई रावण की आसक्ति जानने के कारण उसने सीता के सौंदर्य की इतनी प्रशंसा की कि रावण ने ठान लिया कि सीता उसे चाहिए। उसने अपने मंत्री मारीच से कहा कि वह स्वर्ण मृग का वेष बनाकर जाए और सीता का ध्यान खींचे। मारीच ने रावण को ऐसा न करने के लिए समझाया, किंतु कोई लाभ नहीं हुआ।

अतः मारीच स्वर्ण मृग बनकर आश्रम में गया। सीता ने तुरंत उस सुंदर मृग की इच्छा की। इस पर राम लक्ष्मण को आज्ञा देकर कि वे सीता की रक्षा करें, मृग के पीछे भागे। पर मृग कभी दिखाई देता, कभी छिप जाता, तो राम जान गए कि वह एक राक्षस है और तीर-धनुष से उसे मार डाला।

जब मृग ने अंतिम श्वास ली, तो उसने राम की आवाज़ में लक्ष्मण और सीता को पुकारा।

यह समझकर कि राम घायल हुए हैं, सीता ने लक्ष्मण से विनती की कि वे अपने भाई की खोज में जाएं। लक्ष्मण राम को ढूंढ़ने निकले, तो कुटिया के सामने रेखा खींचते गए कि जब तक वे राम की खोज में होंगे, सीता उस रेखा को पार न करें। उसी समय से लक्ष्मण रेखा भारतीय संस्कृति में व्यवहार और शालीनता की सीमा का प्रतीक बन गई।

जैसे ही लक्ष्मण चले गए, एक पवित्र भिक्षुक रूप में रावण प्रकट हुआ। उसने सीता से हठ किया कि वे लक्ष्मण रेखा पार कर उसे भोजन दें। जैसे ही सीता ने रेखा पार की, रावण ने बलपूर्वक उन्हें घसीटा और अपने मायावी रथ में डालकर लंका की ओर ले उड़ा। वहां अशोक वाटिका में रावण ने सीता को रखा और राक्षसियों को पहरे पर लगाया और रात-दिन विवाह के लिए सीता को सताता रहा। स्वाभाविक है कि आदर्शवादी सीता ने मना कर दिया।

इसी बीच राम-लक्ष्मण लौटे, तो उन्हें सीता-हरण का पता चला। दुख से पागल होकर वे सीता की खोज में निकले। रास्ते में मिले संकेतों से वे रावण की यात्रा का मार्ग खोज सके। पहला चिह्न मरणासन्न गिद्ध जटायु था, जो सीता को रावण से बचाने के लिए लड़ा था। तब वे वानर जनजाति तक पहुंचे, जिनके निर्वासित राजा सुग्रीव ने सीता के आभूषण सहेज कर रखे थे, जो सीता ने आकाश से नीचे फेंके थे, ताकि राम उन चिह्नों के सहारे सीता को ढूंढ़ लें। राम ने सुग्रीव के भाई बालि को मारा, जिससे सुग्रीव को उसका राज्य मिल गया और पत्नी तारा भी मिली। वानरों के संग रहने के दौरान

एक वानर हनुमान उनके अनन्य भक्त बन गए। वे उड़कर श्रीलंका गए, ताकि सीता को खोज सकें। वानरों ने राम की सहायता की और रामेश्वरम के निकट श्रीलंका तक जाने के लिए समुद्र पर एक पुल बनाया। भयंकर युद्ध हुआ, जिसमें रावण समेत सभी राक्षस मारे गए। सीता वापस आईं। उसके बाद सीता को अपनी पवित्रता प्रमाणित करने को कहा गया, जिसके लिए वे अग्नि में प्रविष्ट हुईं। अंततः देवता प्रकट हुए। उन्होंने सीता की पवित्रता प्रमाणित की और राम ने सीता को स्वीकार किया।

भाई के साथ राम सीता को लेकर अयोध्या चले। उनके संग वानर मित्र भी चले। ठीक समय पर राम वहां पहुंचे, क्योंकि चौदह वर्ष समाप्त हो रहे थे और भरत अग्नि में प्रवेश करने वाले थे। राम ने उन्हें बचाया। राम का राज्याभिषेक हुआ और न्याय और विवेक से उन्होंने अनेक वर्ष राज्य किया। उनके काल में शांति और समृद्धि रही। प्रचलित धारणानुसार उनका राज्य भारतीय इतिहास का स्वर्ण काल था।

रामायण में बाद में जोड़े गए एक क्षेपक के अनुसार उत्तरकांड में वर्णन है कि एक धोबी द्वारा संदेह प्रकट करने पर राम ने सीता को राजधानी से निर्वासित कर दिया था। वह ऋषि वाल्मीकि के आश्रम जाती हैं, जहां उनके जुड़वां पुत्र होते हैं। बाद में वे अपने जुड़वां पुत्रों को पिता के राज्य में भेजती हैं, ताकि उन्हें उत्तराधिकार मिले। राम उनसे अपनी सच्चाई साबित कर वापस लौटने को कहते हैं। लेकिन सीता को अब यह असह्य था, अतः उन्होंने अपनी जन्म देने वाली पृथ्वी से कहा कि वे उन्हें वापस अपने पास ले लें। धरती फटती है और सीता को अपने में समेट लेती है। राम का

अब जीवन से वैराग्य हो जाता है। गंगा नदी पर जाकर वे अपनी देह त्याग देते हैं और स्वर्गधाम चले जाते हैं। लेकिन उत्तर कांड की कोई प्रामाणिकता नहीं मिलती है, यह संभवतः बाद में उस काल में जोड़ा गया है, जब महिलाएं दमित जीवन जीती थीं।

हिंदुओं के लिए राम पूर्णता का साकार रूप हैं। वह आदर्श पुत्र और पति हैं, आदर्श शासक हैं और सबसे महत्वपूर्ण है कि वे एक आदर्श व्यक्ति हैं। उसी प्रकार सीता आदर्श नारी और पत्नी हैं। हनुमान आदर्श भक्त हैं और लक्ष्मण और भरत आदर्श भाई। इस तरह रामायण हिंदू समाज के नैतिक मूल्यों की प्रतीक है।

कुछ विद्वान राम और रावण के युद्ध को आर्य और अनार्यों का युद्ध मानते हैं। राक्षसों के वध की अनेक कहानियां इस अवधारणा को बल देती हैं, वहीं इसके विरुद्ध भी कई प्रमाण मिलते हैं। सबसे पहला यह कि *रामायण* वाल्मीकि ने लिखी, जो एक निचली जाति के डाकू से ऋषि बने। यह असंभव सा लगता है कि वे आर्य शासकों के प्रतिष्ठानों के पक्ष में थे। यदि राम ने जनजातियों का संहार किया होता, तो वाल्मीकि उन्हें महाकाव्य का नायक न बनाते। दूसरे राक्षसराज रावण एक ब्राह्मण था, जबकि राम एक क्षत्रिय। इसलिए आर्य व अनार्यों के संघर्ष की संभावना नहीं रहती। और अंत में राम के साथी वानर स्पष्टतः एक चिह्नांकित अनार्य जनजाति थी।

रामायण कथा कितनी सच है? सीमित पुरातात्विक प्रमाणों के मद्देनज़र इस प्रश्न का उत्तर देना संभव नहीं है। लेकिन रामायण सटीक भौगोलिक तथ्यों की पुस्तक है, जिसमें सही रास्ते और स्थानीय भूगर्भिक रचनाओं का शुद्धता से वर्णन

है, चाहे वह नासिक से·नर्मदा का मोड़ हो या रामेश्वरम की पहाड़ियों की ऊंचाइयां। यह असंभव-सा है कि कवि वाल्मीकि ने सूचनाओं के संग्रह के लिए उन प्रदेशों की यात्रा की हो। स्पष्ट है कि सूचनाएं पहले से ही उपलब्ध थीं।

इतना ही नहीं, वाल्मीकि के राम मानव थे, देवता नहीं। अवतार के रूप में उनकी पहचान बाद में हुई—कालिदास के *रघुवंश* (400 ई.पू.) और पांचवी शताब्दी के एक वाकाटक अंकन में, जहां राम को विष्णु से संयुक्त किया गया है।

अतः ऐसा लगता है 1000 ई.पू. राम नाम के राजा रहे होंगे। कथा भौगोलिक आधार पर इतनी शुद्ध है और देश भर में इतने स्थान राम से जुड़े हैं कि यह एक काल्पनिक रचना नहीं हो सकती।

राम ने उत्तर प्रदेश की अयोध्या से तमिलनाडु के रामेश्वरम तक की यात्रा की, इसीलिए उनसे जुड़े पवित्र स्थान पूरे देश में पाए जाते हैं। राम से जुड़े सबसे ज्यादा पवित्र स्थान उत्तर प्रदेश में स्थित हैं, जहां वे रहे और शासन किया। अयोध्या जहां वे जन्मे, वाराणसी जहां उनके भक्त तुलसीदास रहे और *रामचरित मानस* की रचना की, ऋषिकेश जहां उनके भाई भरत का एक मंदिर प्रसिद्ध है, प्रमुख स्थानों में से कुछ एक हैं। राम, लक्ष्मण और सीता मध्य प्रदेश के रामटेक स्थान पर कुछ देर के लिए रहे, जहां पर अब राममंदिर भी है। पश्चिम बंगाल के अहैरी में अहिल्या की शापमुक्ति के सम्मान में एक सीताराम मंदिर बना है। महाराष्ट्र में नर्मदा के किनारे नासिक, आंध्र प्रदेश में गोदावरी किनारे भद्राचलम और पर्णशाला भी कुछ अन्य स्थान हैं, जहां श्रीराम रहे। कर्नाटक के प्राचीन विजयनगर की राजधानी हंपी में वे हनुमान और सुग्रीव से

मिले। तमिलनाडु के तीर्थनगर रामेश्वरम में युद्ध से पहले उन्होंने शिवलिंग की पूजा की और रावण के भाई विभीषण से मिले, जो पक्ष बदल कर उनकी ओर आ गए थे। उनके चरण चिह्न यहां के गंधमादन पर्वत पर बने हैं, जहां से हनुमान लंका जाने के लिए उड़े थे।

राम कथा से जुड़े ये कुछ स्थान हैं। इनके अलावा अनेक स्थान और हैं, पूरे देश में फैले छोटे-बड़े असंख्य मंदिर हैं, जो विष्णु के इस अवतार की प्रतिष्ठा में स्थापित हैं।

अनेकों रूपों में राम अंकित हैं। साधु वेष में धनुष-वाण लिए, लक्ष्मण, सीता और हनुमान सहित अंकित रूप कोदंड राम कहते हैं। इसके अतिरिक्त वे सिंहासनासीन चित्रित होते हैं, सामान्यतया राज्याभिषेक अवसर पर, जो समृद्धि के युग– रामराज्य–का प्रारंभ माना जाता है, यह रूप पट्टाभिराम से प्रसिद्ध है (पट्टाभिषेक या राज्यारोहण से जुड़े)।

रामायण प्रत्येक भारतीय भाषा में अनूदित है। रामकथा जन सामान्य के जीवन में इतनी रची-बसी है कि उनका नाम प्रत्येक अवसर पर पुकारा जाता है, प्रार्थना-सभाओं में, गीतों में, ध्यान के समय मंत्र रूप में। यहां तक कि मृत्यु उपरांत शरीर को श्मशान ले जाते समय, चिता में जलाते समय भी रामनाम का जाप किया जाता है। इसका कारण यह मान्यता है कि पृथ्वी छोड़कर जाते समय, राम समस्त अयोध्या वासियों को देहांत के कष्ट के बिना ही अपने संग ब्रह्म धाम ले गए।

योगीराज कृष्ण

यदि *रामायण* पूर्णता का लक्ष्य स्थापित करती है, तो *महाभारत*, जो एक और महाकाव्य है, अपूर्ण मानवों की गाथा है और इसकी भी कि कृष्ण के अवतार में विष्णु इन विरोधाभासों को कैसे सुलझाते हैं। कृष्ण की गाथा दो दलों में बंटे कुरु वंश के भाइयों की कहानी में से ही निकालनी पड़ती है। लेकिन *महाभारत* असीमित अनुपात में है। महाकाव्य को अपनी मुख्य धारा से भटकाने वाली इसमें अनेक उपकथाएं और स्वतंत्र गाथाएं हैं। विष्णु के प्रत्येक अवतार की कथा अनेक अध्यायों की होती है। वास्तव में विष्णु पुराण, भागवत पुराण और हरिवंश जैसी बाद में लिखी गई रचनाओं में कृष्ण का ही उल्लेख ज़्यादा है, यद्यपि इनमें *महाभारत* प्राचीनतम और प्रामाणिक स्रोत है। *महाभारत* कृष्ण को देवता और नायक मानने के दो छोरों के बीच झूलती है। पौराणिक रचनाओं में तो वे सदैव ही देवता रूप में हैं।

यदि राम कथा लंबी, लेकिन सीधी और सरल थी, तो कृष्ण कथा उससे कहीं विस्तृत और जटिल है। कहानी उग्रसेन से प्रारंभ होती है, जो मथुरा के राजा थे और निस्संतान थे। एक दिन जब उनकी सुंदर रानी वन में अकेली जा रही थीं, तो एक दैत्य उन पर इतना मोहित हो गया कि उसने उनके पति का रूप धर लिया। उनके मिलन के परिणामस्वरूप दैत्य कंस का जन्म हुआ, जो काल नेमि दैत्य का अवतार था। वह नरसिंह अवतार की कथा वाले हिरण्यकशिपु का पौत्र और विरोचन का पुत्र था। कंस दुष्ट और क्रूर मनोवृत्ति वाला था। उसके पापों से धरती कराह उठी। उसने अपने पिता को सिंहासन से हटाकर खुद को राजा और भगवान बताते हुए सिंहासन हथिया लिया।

कंस की दूषित शक्तियों से अत्यधिक चिंतित देवता ब्रह्मा के पास गए, जिन्होंने उन्हें विष्णु के पास भेजा और विष्णु ने स्वीकार किया कि वे कृष्ण रूप में कंस की बहन देवकी के पुत्र रूप में धरती पर अवतार लेंगे और आदिशेष नाग उनके भरोसेमंद साथी बलराम के रूप में उनके बड़े भाई बनकर साथ रहेंगे।

उग्रसेन के भाई देवक के एक पुत्री थी, मधुर स्वभाव वाली देवकी, जो यादव वंश के वसुदेव के संग ब्याही गई थी। वसुदेव, पांडवों की माता कुंती, के भाई थे।

देवकी की बारात लौट रही थी और कंस स्वयं देवकी का रथ हांक रहा था। एक आकाशवाणी हुई कि देवकी का आठवां पुत्र कंस का वध करेगा। कंस देवकी का वध करने को उद्यत हुआ। वसुदेव ने देवकी के प्राण बचाने के लिए प्रस्ताव किया कि वे अपनी सभी संतानें कंस को सौंप देंगे। अतः कंस ने वसुदेव और देवकी को कारागार में रखा और दिन-रात उन पर पहरा लगा दिया। उनके छह बच्चे हुए, जो कि मार डाले गए। सातवां शिशु आदिशेष नाग का अवतार था, उसे वसुदेव की गोकुल में रहने वाली दूसरी पत्नी रोहिणी की कोख में स्थानांतरित कर दिया गया, जिसने बलराम के रूप में जन्म लिया। कंस को बताया गया कि देवकी का गर्भ इस बार गिर गया है।

कृष्ण का जन्म श्रावण या भाद्रपद (जुलाई-अगस्त) के दूसरे पक्ष की आठवीं तिथि को देर रात में हुआ। इसे कृष्ण जन्माष्टमी नाम से प्रतिवर्ष मनाया जाता है। पहरेदार सो गए थे और कारागार के द्वार अपने आप खुल गए थे, फिर एक वाणी ने आदेश दिया कि वसुदेव बच्चे को नंद नामक गौपालक

के घर ले जाएं और उनकी पत्नी यशोदा की अभी जन्मी कन्या से उसे बदल दें। वसुदेव ने यमुना पार की, बच्चों को बदला और कारागार लौट आए। दूसरे दिन प्रातः कंस आया और शिशु को पत्थर पर पटकना चाहा। लेकिन वह तो शिशु के रूप में योग-निद्रा थी, जो आकाश में उड़ गई और कंस को बताया कि उसका विनाशक जन्म ले चुका है और वह कहीं दूसरी जगह रह रहा है। क्रुद्ध कंस विनाश पर उतर आया। उस क्षेत्र के प्रत्येक नवजात का उसने वध किया। अपने शिशु की रक्षा करने के उद्देश्य से भयभीत नंद उसे दूर गोकुल ले गए, जहां कृष्ण और बलराम भाइयों की तरह साथ बड़े होने लगे।

कृष्ण के बचपन की कथा चमत्कारों तथा बाल क्रीड़ाओं का मिश्रण है, जिसके माध्यम से कृष्ण पर केंद्रित संपूर्ण साहित्य और भक्तिपंथ की रचना हुई है। बचपन से वयस्क होने तक कृष्ण के वध के लिए कंस के द्वारा भेजे गए अनेक राक्षसों के वध का श्रेय कृष्ण को दिया जाता है। कई पुण्यात्माओं को शापवश धरती पर जन्म लेना पड़ा था, उनको भी कृष्ण ने मुक्ति दी। स्त्री दैत्य पूतना का वध बालक कृष्ण ने किया। धन के देवता कुबेर की शापमुक्ति कृष्ण ने की। कृष्ण के द्वारा मारे गए अन्य दैत्यों में चक्रवात का दैत्य तृणावर्त, बगुले के आकार में बकासुर, अश्व रूप में हय असुर और बैल रूप मे अरिष्ट दैत्य शामिल हैं। यह सभी पराक्रम यमुना के तट पर हुए थे। लेकिन नदी खुद ही अनेक फणों वाले कालिय नाग के विष से भरी थी।

एक दिन जब कृष्ण अपने साथियों के साथ खेल रहे थे, तो उनकी गेंद नदी में जा गिरी। गेंद निकालने गए कृष्ण

को कालिय नाग ने अपने फंणों में लपेट लिया, लेकिन कृष्ण
ने अपने शरीर को इतना फुलाया कि कालिय को विवश होकर
उन्हें छोड़ना पड़ा, तब कृष्ण ने कालिय के शरीर पर नृत्य
किया, इसके कारण कालिय मरणासन्न हो गया। जब कालिय
की अनेक पत्नियों ने उसके जीवन की भीख मांगी, तब कृष्ण
ने कालिय को बंगाल की खाड़ी के रमणक द्वीप में निर्वासित
कर दिया और यमुनाजल स्नान और पीने योग्य बन गया।

कृष्ण ने स्वयं इंद्र से भी टक्कर ली। गौपालकों को उन्होंने
वृंदावन में गोवर्धन पर्वत की पूजा करने को कहा, क्योंकि
पर्वत ही उनकी समृद्धि का स्रोत था। क्रुद्ध इंद्र ने उन पर
वज्र और तेज़ वर्षा के माध्यम से आक्रमण कर दिया। लेकिन
कृष्ण ने अपने लोगों की रक्षा के लिए पूरा पर्वत उठा लिया।
इंद्र ने अपनी हार मान ली और कृष्ण की स्तुति की। कथा
संभवतः इस ओर संकेत करती है कि इंद्र के स्थान पर कृष्ण
की पूजा आरंभ हो गई थी।

मां के साथ और ग्वालिन या गोपियों, जिनके साथ उन्हें
नाचने में आनंद आता था, के साथ कृष्ण की क्रीड़ाओं पर
अनेक कथाएं हैं। बहुत समय बाद ये कथाएं कृष्ण और राधा,
जो कि कृष्ण की सबसे प्रिय गोपी थीं, के भक्तजनों की संपूर्ण
रचनाओं का आधार बनीं। लेकिन यह मध्यकालीन घटना थी।
प्रारंभ के रचे साहित्य में बताया गया है कि उनका विवाह
सत्यभामा से हुआ था, जो कि सत्यजित की बेटी थीं। उसके
बाद जब वे द्वारका आए, तो उन्होंने विदर्भ राज भीष्मक की
पुत्री रुक्मिणी से विवाह किया। अन्य अनेक राजकुमारियों
से भी उन्होंने विवाह किए।

कृष्ण के वध में असफल कंस ने दोनों भाइयों को मथुरा

की वार्षिक खेल प्रतियोगिता में बुलाया। मार्ग में अश्व दैत्य
केशी ने उन पर आक्रमण किया, जिसे इन्होंने मार गिराया।
खेलते समय दो पहलवान, जिन्हें कृष्ण को मार देने का आदेश
दिया गया था, इन भाइयों से लड़े, लेकिन वे स्वयं ही मृत्यु
को प्राप्त हो गए। एक हाथी दोनों को कुचल कर मारने के
लिए भेजा गया, वह भी मृत्यु को प्राप्त हुआ। कंस ने तब
अपने सैनिकों से कहा कि वे आक्रमण करें और कृष्ण-बलराम
को मार डालें, लेकिन कृष्ण ने आक्रमण किया और कंस को
ही मार डाला। उन्होंने उग्रसेन को सिंहासन पर बैठाया और
पत्नी और बलराम के साथ खुद मथुरा में बस गए।

कृष्ण ने मथुरा की रक्षा की, लेकिन बाद में गुजरात
के तट पर स्थित द्वारका में जाकर बस गए। उन्होंने कंस
के श्वसुर जरासंध, कंस के भाई सुनमन, यवनराज, कालयवन,
प्राग्ज्योतिष पाताल के राजा नरक, रावण और हिरण्यकशिपु
के अवतार शिशुपाल, प्रलम्भ, जम्भ, पीत और मुरु को हराया
और मार डाला। उन्होंने दैत्यों के आकाश में उड़ते हुए नगर
सौभ को नष्ट कर दिया और अंग-बंग जैसी अनेक जनजातियों
का नाम मिटा दिया। एक छद्म वासुदेव कृष्ण की कथा भी
है, किसी पौंड्रक ने यह रूप धारण कर लिया था। कृष्ण ने
उसका भी वध चक्र द्वारा कर डाला।

विष्णु ने जो शंख और चक्र धारण कर रखे हैं, वे वस्तुतः
कृष्ण के अस्त्र हैं, जो वहां जोड़ दिए गए हैं। पांचजन्य दैत्य
के वध के बाद पांचजन्य शंख उनको मिला। खांडव वन में
अग्नि को प्रसन्न कर उन्होंने चक्र अथवा गोल पत्रक प्राप्त
किया। कृष्ण के चमत्कार अनंत हैं। जब कौरवों ने चाहा कि
हस्तिनापुर में द्रौपदी का चीरहरण करके उसे अपमानित करें,

तो कृष्ण ने द्रौपदी की साड़ी अनंत रूप से लंबी कर दी। लाक्षागृह में कौरवों ने जब आग लगा दी, तो उन्होंने पांडवों को बचाया। *महाभारत* के भयंकर युद्ध में उन्होंने दोनों पक्षों को एक विकल्प दिया कि एक उनकी सेना ले ले, दूसरा केवल उन्हें ले ले, इस शर्त के साथ कि वे युद्ध नहीं करेंगे। कौरवों ने पहला विकल्प चुना और उनकी सेना ले ली, पांडवों को बाद में चुनने का अवसर मिला, तो उन्हें कृष्ण प्राप्त हुए, वे अर्जुन के सारथी बने और पार्थसारथी का नाम पाया। पार्थ अर्जुन का दूसरा नाम है और सारथी रथ को हांकता है। स्वाभाविक ही पांडव जीते, किंतु मृत्यु और विध्वंस के युद्ध के बाद ही।

युद्ध के आरंभ में जब अर्जुन ने घोषणा की कि अपने सगे और संबंधियों से लड़ने से अच्छा रहेगा कि वे युद्ध न करें, तब कृष्ण ने भगवद्गीता का उपदेश दिया, जिसमें वे यह बताते हैं कि फल की आशा किए बिना किए गए कर्तव्य से ही पाप पर पुण्य की विजय होती है। भगवद्गीता में उपनिषदों का सार तत्व है, जिसे सरल भाषा और सरल व्याख्याओं के माध्यम से बताया गया है। जब कृष्ण अपना उपदेश दे रहे थे, तो वे अपना ब्रह्मांडीय आकार दिखाते हैं, जिसमें सारी सृष्टि, नक्षत्र, ग्रह, मानव, पशु, वनस्पति आदि समस्त आकार विष्णु में स्थित दिखाई देते हैं। कृष्ण यहां स्पष्ट करते हैं कि वे केवल अवतार नहीं हैं, वे तो स्वयं परमात्मा हैं।

जन्म की भांति ही कृष्ण के देहांत की भी भविष्यवाणी थी। कुछ यादव बालकों ने परिहास में कृष्ण के पुत्र शंभ को नारी वस्त्र पहनाए और ऋषियों से पूछा कि उसे पुत्र होगा

या पुत्री। ऋषियों ने क्रोध प्रकट करते हुए कहा कि वह एक मूसल को जन्म देगी, जो संपूर्ण यादव वंश को नष्ट कर देगा। वाकई शंभ के उदर से एक मूसल निकला। राजा उग्रसेन ने आदेश दिया कि मूसल को चूर्ण बनाकर समुद्र में फेंक दिया जाए, लेकिन चूर्ण तट पर बिखर गया और घास बनकर वहां उग आया। मूसल का एक छोटा टुकड़ा चूर्ण नहीं हो पाया था। उसे समुद्र में फेंक दिया गया, जिसे एक मछली ने निगल लिया था। उसे एक मछुआरे ने पकड़ा और उस टुकड़े को जर नामक बहेलिये ने बाण की नोंक बनाने के लिए इस्तेमाल किया।

जब कृष्ण ने धरती छोड़ने का मन बनाया, तो यदुवंश को शाप से बचाने के लिए सबको प्रभास भेज देने की सोची। दुर्भाग्य से मदिरा पीकर वे लड़ बैठे और वहां उगी घास से एक-दूसरे को मिटा डाला। कृष्ण और बलराम यह संहार रोक नहीं पाए। तब बलराम के मुख से एक सर्प रेंगा। यह आदिशेष नाग थे, जिनका अवतार रूप बलराम थे। बलराम ने धरती छोड़ दी। कृष्ण अकेले ध्यानमग्न बैठे थे। बहेलिए जर ने उन्हें हिरन समझा और उन पर निशाना साधकर वाण छोड़ दिया। जब जर ने जाना कि उससे क्या भूल हुई है, तो वह भयभीत हो गया, किंतु कृष्ण ने उसे क्षमा कर दिया और तुरंत मुक्ति दी। तब कृष्ण ने यह नश्वर देह त्यागी और धरती छोड़ दी। द्वारका यदुवंश की राजधानी थी, जिसे कृष्ण ने बसाया था। कृष्ण की मृत्यु के बाद द्वारका को समुद्र ने लील लिया और यादव भी उसी के साथ मिट गए (यद्यपि बाद के राजवंश और समुदाय यादव होने की

घोषणा करते रहे)। अभी बेट द्वारका में समुद्र में मिले अवशेषों ने प्रमाणित किया है कि वहां दीवारों से घिरा एक नगर है, जो महाकाव्य में वर्णित द्वारका से मिलता-जुलता है।

यदि राम एक रहस्य हैं, तो कृष्ण और अधिक जटिल हैं। वे बालक से योद्धा और फिर परमात्मा इतनी जल्दी बनते हैं कि वे सबसे गूढ़ लोक देवता लगते हैं। जटिलता ने देवता के अवतरण के कई सिद्धांतों को जन्म दिया है–कुछ अतिशयोक्ति पूर्ण हैं और अन्य कई तर्कपूर्ण।

कृष्ण के चरित्र में कुछ अनसुलझे रहस्य हैं, जैसे कि-

- कृष्ण का पालन अभीरों (आज के अहीर) ने किया और आज भी वे उनके देवता माने जाते हैं।
- जब कृष्ण वृंदावन से मथुरा गए, तो फिर वापस नहीं आए। नंद और यशोदा को फिर कभी उनका माता-पिता नहीं कहा गया। उनकी प्रतिष्ठा वृष्णि या द्वारका के यादव राजा की रही। उन्हें नाम दिया गया वासुदेव कृष्ण–वसुदेव-देवकी के पुत्र। अब वे एक सफल राजनीतिज्ञ हैं, पांडवों के मित्र हैं, जिनकी उन्होंने *महाभारत* युद्ध में सहायता की थी।
- कृष्ण अपना दर्शन भगवदगीता में प्रकट करते हैं। लेकिन पहले भी देवकी के पुत्र कृष्ण हुए हैं, जो घोर अंगिरस ऋषि के शिष्य थे। उन्होंने छांदोग्य उपनिषद लिखा था। दोनों पुस्तकों में प्रत्येक पंक्ति की समानता अद्‌भुत तरीके से मिलती है।

तो कृष्ण कौन थे? क्या तीन व्यक्ति थे–अभीरों के बाल-देवता, यादव राजा और दार्शनिक; या तीनों का समन्वित

रूप? या वासुदेव कृष्ण नाम के राजा और दार्शनिक एक ही व्यक्ति थे और अभीरों के बाल-देवता दूसरे व्यक्ति थे? या जैसा कि पुराण बताते हैं, उसी अवतार के ये तीनों आयाम पृथक-पृथक थे? सत्य हम कभी जान नहीं पाएंगे।

इंद्र के साथ संघर्ष में ग्वालों को कृष्ण ने परामर्श दिया कि वैदिक देवता को न पूजें, इस घटना से आभास होता है कि कृष्ण ने वैदिक देवताओं की श्रेष्ठता को सीधी चुनौती दी थी, उनका अपना भक्त समुदाय श्रेष्ठतर हो गया था। कृष्ण एक नायक व्यक्तित्व थे, दुष्ट जनों और दैत्यों से लड़ते थे। आश्चर्य नहीं कि इसी कारण चंद्रगुप्त मौर्य के साम्राज्य में यूनान के दूत मेगस्थनीज़ ने उन्हें हेराक्लेस (हरकुलिस) नाम दिया।

प्रोफेसर एच. सी. रायचौधरी ने *महाभारत* में वर्णित वंशों के माध्यम से *महाभारत* और कृष्ण के कालखंडों का निर्णय किया है। यह वर्णन यूनानी वर्णनों तथा बुद्ध और जैन परंपराओं से काफी मिलता-जुलता है। उसके अनुसार प्रायः 900 ई.पू. में कृष्ण हुए। कुरुक्षेत्र के पुरातात्विक उत्खनन इस तिथि की पुष्टि करते हैं।

अर्जुन और कृष्ण की मित्रता में हमें इंद्र और विष्णु की मित्रता की झलक मिलती है। एक कर्ता है और एक सर्वद्रष्टा परमात्मा। नर व नारायण का जोड़ा, जो *महाभारत* में वर्णित है, यह जोड़ा राम-लक्ष्मण या कृष्ण-बलराम से अलग है, जिसमें एक परमात्मा हैं, दूसरे उनके साथी आदि शेषनाग।

कृष्ण के मंदिर सारे देश में फैले हैं, किंतु सबसे महत्वपूर्ण वे हैं, जो उनकी कथा से जुड़े हैं।

सबसे महत्वपूर्ण मंदिर है कृष्ण जन्मभूमि मंदिर, मथुरा। धरती के गर्भ में एक छोटी सी कोठरी है, जिस पर एक विशाल मंदिर परिसर बना है। जन्मभूमि के निकट ही रंगभूमि है, ऐसी मान्यता है यहां उन्होंने कंस का वध किया था, मथुरा से कुछ किलोमीटर दूर वृंदावन है, जो कृष्ण के बचपन से संबंधित है।

कृष्ण की कथाएं और परंपराएं गुजरात की संस्कृति और लोकगीतों का महत्वपूर्ण अंश बनीं, इसका श्रेय जाता है कृष्ण के अनन्य भक्त संत उपदेशक वल्लभाचार्य को। यहां के मुख्य मंदिर हैं वेट द्वारका द्वीप पर बने मंदिर और द्वारका का प्रमुख द्वारकाधीश मंदिर। जब कृष्ण का कार्य पूर्ण हो गया, जिसके लिए उनका जन्म हुआ था, तो उन्होंने वीरावल में संसार त्याग दिया। नाथद्वारा का श्रीनाथ जी मंदिर भी उतना ही प्रसिद्ध है, जितना कि उनके अन्य लीला स्थल, जबकि उसका कृष्ण की कथा से कोई संबंध नहीं है। मूर्ति अपना एक हाथ आगे बढ़ाए है, जैसे कि भक्त के स्वागत में हो। ऐसी मान्यता है कि यह मूर्ति मूलतः हिमालय के ब्रज में बनी थी।

अन्य महत्वपूर्ण मंदिरों में स्पष्ट रूप से जनजातीय आकार की मूर्ति वाला पुरी का जगन्नाथ मंदिर, पश्चिम बंगाल के विष्णुपुर का मंदिर और महाराष्ट्र के पंढरपुर का विट्ठल मंदिर हैं। मणिपुर, जहां की राजकुमारी का विवाह अर्जुन के साथ हुआ था, में एक महत्वपूर्ण कृष्ण मंदिर है। इनका महत्व होने के पीछे ऐसी मान्यता है कि इन स्थलों पर भक्तों के हित के लिए कृष्ण प्रकट हुए थे।

केरल में कृष्णभक्ति की परंपरा पांडवों के संदर्भ से

फैली है, क्योंकि माना जाता है कि पांडवों के तेरह वर्ष के वनवास का तेरहवां अज्ञातवास का महीना वहां के तिरुवर्रपु में बीता था। गुरुवायूर, मावेलिकर, अंबालपुषा और कालड़ी (आदि शंकराचार्य की जन्मभूमि) में विशाल कृष्ण मंदिर हैं।

कर्नाटक के पश्चिमी तट पर उडिपि में उडिपि श्रीकृष्ण का प्रसिद्ध मंदिर है, जिसकी प्राण-प्रतिष्ठा तेरहवीं शताब्दी के दार्शनिक माधव ने की थी। मंदिर में प्रवेश से पूर्व भक्त यहां की प्रसिद्ध कनकदास किंडी (खिड़की) से झांकता है। यद्यपि कृष्ण की स्तुति में कनकदास ने दिन-रात गीत गाते बिताए थे, फिर भी एक निचली जाति का भक्त होने के कारण उन्हें मूर्ति को देखने की अनुमति नहीं थी। अंततः उनकी भक्ति का फल मिला। दीवार फट गई और कनकदास के समक्ष कृष्ण की मूर्ति खुली दिखी। बाद में संत वादिराज ने वहां पर कनकदास के सम्मान में एक खिड़की ही बनवा दी। उडिपि पेजावर के आठ मठों में से एक है, जो कि कृष्ण को समर्पित सबसे विस्तृत धार्मिक संप्रदाय है।

महाराष्ट्र में पांडुरंग विट्ठल और रुक्मिणी नाम से कृष्ण-रुक्मिणी का एक मंदिर है। ज्ञानदेव और मुक्ताबाई प्रौढ़ दंपती थे, जिनकी एकमात्र संतान पुंडरीक भ्रष्ट, स्वार्थी व अपने माता-पिता की चिंता न करने वाला था। उसने उन्हें घर से निकाल दिया था। अपनी जीवनशैली के कारण वह निर्धन और रोगग्रस्त हो गया था। वह भटकने लगा और अंततः साधु कुक्कुट से मिला, जिन्होंने बताया कि उसका बल और शक्तियां उसके द्वारा अपने माता-पिता की सेवा करने के कारण ही थीं। पुंडरीक को ज्ञान मिला और वह सब भूल कर बस

माता-पिता की सेवा करने के विचार से वापस भागा। उसकी भक्ति के प्रभाव से एक दिन कृष्ण भगवान एक अतिथि का रूप धारण कर उसके घर आए, किंतु पुंडरीक माता-पिता के चरण दबा रहा था, अतः एक ईंट फेंक कर अतिथि से बोला कि वह इस पर बैठ कर तनिक विश्राम करें। बाद में जब जाकर देखा कि वे तो कृष्ण भगवान थे, तो क्षमा याचना की। किंतु कृष्ण ने उसकी मातृ-पितृ भक्ति को सर्वश्रेष्ठ विधि की भक्ति बताया। तभी से ईंट पर खड़े विट्ठल की मूर्ति बनी, जो अपने भक्त पुंडरीक की प्रतीक्षा में स्थापित है। यह मंदिर वारकारी संप्रदाय के विचारक संतों का है, जो अपने महानतम संत व्याख्याकारों ज्ञानेश्वर, तुकाराम और नामदेव के कारण प्रतिष्ठित है।

उड़ीसा के पुरी क्षेत्र में कृष्ण को जगन्नाथ रूप में पूजा जाता है, साथ में भाई बलभद्र और बहन सुभद्रा हैं। कथा है कि राजा इंद्रद्युम्न ने दैवी शिल्पी विश्वकर्मा से कहा कि वे लकड़ी के लट्ठों पर मूर्तियां उकेरें। विश्वकर्मा ने स्वीकार तो कर लिया, पर इस शर्त के साथ कि एक महीने तक उन्हें पूर्ण एकांत मिलना चाहिए। उत्सुक राजा प्रतीक्षा नहीं कर पाए और एक महीने से पहले ही कार्यशाला में प्रवेश कर गए। उन्हें अपूर्ण गढ़े गए लकड़ी के लट्ठे मिले, विवश होकर राजा को उन्हीं में प्राण-प्रतिष्ठा करनी पड़ी।

लेकिन मूर्तियों की कला बिलकुल जनजातीय है, इसी कारण यह निश्चित लगता है कि इसमें कहीं न कहीं जनजातीय संबंध है। पुरी की वार्षिक रथयात्रा विश्वप्रसिद्ध है, जिसमें तीनों देवताओं और उनकी चाची गुंडीचा को पुरी में घुमाने

के लिए विशालकाय रथ (वहीं से जगरनाथ शब्द निकला है) चलते हैं, इस तरह पुरी के स्थानीय लोग भी उन्हें पूज लेते हैं।

कृष्ण और *महाभारत* युद्ध की कथा में हमें सर्वनाशी युद्धकार्यों का प्रारंभ दिखता है, जिससे उत्तरी भारत को आगामी तीन सहस्त्र वर्षों तक प्रभावित रहना पड़ा।

बलराम

कुछ वैष्णव मानते हैं कि बलराम आठवें अवतार हैं और कृष्ण नवें। वे लोग बुद्ध को विष्णु का अवतार नहीं मानते हैं।

किंतु *महाभारत* व विष्णु पुराण बताते हैं कि बलराम आदि शेष का अवतार हैं, जो कश्यप और कद्रु के पुत्र हैं और सदैव विष्णु के साथ रहते हैं।

बलराम का जन्म उस भ्रूण से हुआ, जिसे देवकी की कोख से लेकर वसुदेव की दूसरी पत्नी रोहिणी की कोख में प्रत्यारोपित किया गया। उनका जन्म गोकुल में हुआ था और जैसे राम के साथ लक्ष्मण थे, उसी प्रकार वे कृष्ण के अभिन्न साथी बने रहे। वे कृष्ण के साथ मथुरा आए और वहां मल्ल प्रतियोगिता में भाग लिया। जब कृष्ण ने कंस का वध किया, तब बलराम ने अन्य शीर्षस्थ मल्लों को मार डाला। उन्हें भी चमत्कारिक शक्तियां प्राप्त थीं और दैत्यों के वध में उन्होंने भी कृष्ण की सहायता की थी। उन्होंने गर्दभ राक्षस धेनुक का वध किया, वानर दैत्य द्विविद और प्रलंब का भी वध उन्होंने किया। एक दिन बलराम के साथियों ने कहा कि गर्दभ दैत्य

धेनुक के पेड़ों को झकझोर कर फल गिराओ, बलराम ने साथियों की इच्छा पूरी कर दी। पर धेनुक का क्रोध फूट पड़ा। दैत्य ने बलराम पर आक्रमण किया। लेकिन बलराम ने सरलता से उसे मार गिराया। एक अन्य प्रसंग में बलराम अपनी मां से बातें कर रहे थे कि वानर दैत्य द्विविद के बाधाएं डालने से बलराम को क्रोध आ गया, अतः बलराम ने उसे मार दिया।

बलराम मद्यपान और अपने क्रोध के कारण प्रसिद्ध थे। मदिरा पी कर एक दिन बलराम ने यमुना नदी को चलकर उनके पास आने को कहा, क्योंकि वे स्नान करना चाहते थे। नदी ने मना कर दिया। बलराम ने क्रुद्ध होकर अपना हल नदी में फेंका और फिर जहां-जहां गए, हल की सहायता से नदी को साथ घसीटते रहे, अंत में नदी ने क्षमा प्रार्थना की। मद्यपान करके उन्होंने कृष्ण के साले रुक्मिन को मार डाला। बलराम की पत्नी थीं रेवती, जिससे उन्हें दो पुत्र प्राप्त हुए।

बलराम मल्ल युद्ध और गदा युद्ध में प्रवीण थे। उन्होंने कौरव राजकुमार दुर्योधन तथा पांडव भीम को गदायुद्ध सिखाया। उन्होंने *महाभारत* युद्ध में सहभागिता नहीं की, किंतु जिस दिन भीम व दुर्योधन का गदायुद्ध हुआ, उस दिन वे देखने आए थे। द्रौपदी ने सौगंध ली थी कि दुर्योधन को जांघ तोड़कर मारा जाए, अतः युद्ध के समय कृष्ण ने भीम को उस सौगंध का स्मरण दिलाया। किंतु कमर से नीचे आघात करना वर्जित है अतः भीम द्वारा दुर्योधन की जंघा तोड़ने को अनुचित मानकर बलराम युद्ध स्थल छोड़कर चले गए थे।

बलराम को हल धारण किए हुए दिखाया गया है। वे

अकसर उसे गदा की तरह उपयोग करते थे। इसी कारण उन्हें हलधर कहते हैं। इन्हें मूसल और गदाधारी भी दिखाया गया है, उन्हें शस्त्र की तरह प्रयोग करने में वे दक्ष थे।

बलराम का चरित्र एक सहज आनंदी और कट्टर सिद्धांतवादी व्यक्ति के रूप में सामने आता है। कृष्ण की कूटनीतियां उनकी बुद्धि से बाहर हैं और उन्हें पसंद भी नहीं आती थीं।

अपने भाई कृष्ण के साथ ही वे भी दिवंगत हो जाते हैं और इस तरह कृष्णावतार का समापन हो जाता है।

बलराम की मूर्ति उड़ीसा के पुरी में भाई कृष्ण और बहन सुभद्रा के साथ स्थापित है। उनकी एकल मूर्तियां भी गुजरात के गोकुल, केरल के अलवाय और मणिपुर के इंफाल में मिलती हैं।

शांति उपदेशक बुद्ध

यह एक रहस्य ही है कि यह जानते हुए भी कि बौद्धधर्म और ब्राह्मणवाद परस्पर विरोधी रहे हैं, कैसे, कब और क्यों बुद्ध को विष्णु का अवतार मान लिया गया। भागवत पुराण की अवतारों की सूची में उनका नाम है, इसलिए उन्हें प्रामाणिकता तो प्राप्त है ही। स्पष्टतः तत्कालीन अति लोकप्रिय आध्यात्मिक पंथ को वैदिक मुख्यधारा में जोड़ देने की यह सरल रणनीति थी। जबकि हिंदू मान्यता का विरोधी बौद्ध धर्म देश से लुप्त हो गया था, इसके लुप्त होने का कारण बुद्ध को अवतार की स्थिति तक ऊंचा ले जाना था या नहीं, यह निश्चित नहीं कहा जा सकता है।

भागवत पुराण के अनुसार भगवान बुद्ध के अवतार का उद्देश्य भ्रम पैदा करके देवताओं के शत्रुओं का नाश करना था। दैत्य माया के बनाए नगरों और काशी (वाराणसी) में रुढ़ियों के विरुद्ध अपने सिद्धांत प्रचारित करने के लिए उन्होंने नश्वर काया ग्रहण की थी।

स्कंद पुराण के अनुसार छह वर्षों से लगातार सूखा पड़ रहा था, धरती प्यासी थी। ब्रह्मा काशिराज रिपंजय के पास गए और कहा कि यदि वे अपना नाम दिवोदास (ईश्वर का दास) रख लें, तो देवता पानी बरसाएंगे। राजा ने स्वीकार किया और मांग की कि ब्रह्मा राजा की सहायता करें और अन्य देवता धरती छोड़कर चले जाएं, ताकि वे निष्कंटक राज्य कर सके। ब्रह्मा मान गए और बहुत कठिनता से शिव को भी काशी छोड़ने को मना लिया।

दिवोदास ने राज्य बहुत अच्छी तरह चलाया, लेकिन देवता अपने निकाले जाने से क्रुद्ध थे। शिव ने अपने दूत काशी भेजे, पर वे वहां इतने प्रसन्न हुए कि लौटे ही नहीं। तब

विष्णु अपनी संगिनी लक्ष्मी और गरुड़ के संग गए और
काशी के पास धर्मक्षेत्र में बसे। विष्णु ने वहां बुद्ध का रूप
लिया, लक्ष्मी एक साध्वी रूप में उनकी शिष्या बन गईं। गरुड़
पुण्यकीर्ति बन गए, जिन्हें बुद्ध ने प्राकृतिक और पराप्राकृतिक
धर्म की विभिन्न शाखाएं सिखाईं।

विष्णु ने बुद्ध रूप में सिखाया कि ब्रह्मांड का रचयिता
कोई है ही नहीं और परमात्मा जैसी कोई सत्ता नहीं होती।
ब्रह्मा, विष्णु व शिव वैसे ही नश्वर व्यक्ति थे जैसे कि बुद्ध
स्वयं। मृत्यु से डरना नहीं चाहिए, क्योंकि यह शांत निद्रा
की अवस्था ही है। आनंद ही स्वर्ग है और पीड़ा ही नर्क।
अज्ञान से मुक्ति में ही सुख है। बलि प्रथा में हत्याएं मूर्खता
मात्र हैं। ये उपदेश पुण्यकीर्ति काशी में फैलाते रहे। लक्ष्मी
ने महिलाओं को सिखाया कि शरीर की इंद्रियों के आनंद
में ही संपूर्ण सुख है और यह भी कि जाति भेद कल्पनाजनित
हैं। लक्ष्मी का उपदेश प्रभावशाली था, अतः उनके उपदेश
तीव्रता से फैले।

बुद्ध के उपदेशों के परिणामस्वरूप लोग भ्रष्ट हो गए
और कर्मकांड से विमुख हुए। दिवोदास निरुत्साहित हो गया,
तब विष्णु एक ब्राह्मण का वेश बनाकर उसके पास गए।
दिवोदास ने अनेक उदाहरण देकर उसे बताया कि दैवी शक्तियों
के कारण अनेक सज्जन लोग कष्ट पा रहे थे। उन्होंने ब्राह्मण
से पूछा कि पूर्ण सुख पाने के लिए क्या करें? विष्णु ने उन्हें
बताया कि सब कष्टों की जड़ में शिव के काशी छोड़ने का
उनका हठ ही है और राजा को सलाह दी कि शिव की एक
मूर्ति की प्राण-प्रतिष्ठा और अर्चना करें। अपने पुत्र को राजा
बनाकर दिवोदास ने विष्णु का परामर्श मानकर शिवलिंग की

उपासना की। प्रसन्न होकर शिव प्रकट हुए और राजा को कैलाश ले गए।

दिवोदास की बुद्धि परिवर्तित कर विष्णु ने बुद्ध रूप में अपने संशोधनवादी उपदेश रोके और गया के एक गहरे कुएं में जा अंतर्धान हो गए।

किंतु बौद्ध ग्रंथ एक दूसरी कथा बताते हैं, जो उससे पूर्व के काल से संबद्ध है।

कपिलवस्तु के राजा और उनकी पत्नी मायादेवी के घर बुद्ध (483 ई. पू.) जन्मे थे, वे शाक्य वंश के थे। बुद्ध की मां उनके जन्म के सात दिन बाद ही दिवंगत हो गई थीं और राजा की दूसरी रानी, जो बुद्ध की मां की बहन थीं, ने उन्हें पाला-पोसा था। बचपन में खेलने के बजाए ध्यानमग्न हो जाना उन्हें बहुत अच्छा लगता था। अतः उनके पिता ने उनका विवाह बचपन में ही यशोधरा से कर दिया था। वे उनकी चचेरी बहन थीं। यद्यपि वे प्रसन्न थे, लेकिन गौतम अभी भी जीवन और मृत्यु के रहस्यों पर ध्यानमग्न होते रहते थे। राजा ने उनके विचारों को मोड़ना चाहा, पर वे असफल रहे।

उन्तीस वर्ष के होने पर गौतम के जीवन में तीन घटनाएं हुईं, जिनसे उनका जीवन सदा के लिए बदल गया। प्रथम घटना में उन्होंने एक अशक्त वृद्ध व्यक्ति को देखा, जो संबंधियों से उपेक्षित और पीड़ित था। दूसरी घटना में उन्होंने एक रुग्ण व्यक्ति को देखा, जो कांप रहा था और कीचड़ से लथपथ था। तीसरी घटना में उन्होंने एक मृत व्यक्ति को देखा। गौतम अंदर तक कांप गए और उन्होंने सोचा कि यदि यौवन, स्वास्थ्य और सुख इस प्रतीक्षा में हैं कि बुढ़ापा, रोग और मृत्यु आए,

तो वे अर्थहीन हैं। तब उन्होंने एक भिक्षुक को देखा, जो इच्छाएं त्याग चुका था और जो मिलता, उसी में संतुष्ट रहता था। उन्होंने निश्चय किया कि ऐसा जीवन ही वास्तविक और ग्रहण करने योग्य है। एक रात वे महल से निकल गए और सत्य की खोज में चले गए।

गौतम की यात्रा उन्हें ब्राह्मणों, साधुओं, कठिन त्याग और तपस्या में घुमाती रही, किंतु किसी ने उन्हें संतुष्ट नहीं किया। अंततः एक पीपल के वृक्ष के नीचे उन्हें ज्ञानबोध मिला और वे बुद्ध के नाम से जाने गए।

बुद्ध तब काशी पहुंचे, जहां उन्होंने अपने तत्व ज्ञान का उपदेश प्रारंभ किया। वे कुशीनगर, कपिलवस्तु, राजगृह और वैशाली के क्षेत्रों में घूमे और लोगों को सिखाते रहे कि ब्राह्मणों की दासता छोड़ें और सत्य आचरण का मार्ग अपनाएं। उन्होंने अपने पिता को दीक्षा दी और उनकी पत्नी यशोधरा उनकी प्रथम महिला अनुयायी बनीं। वे सत्तर वर्ष की परिपक्व वृद्धावस्था तक जिए और तब कुशीनगर में उन्होंने निर्वाण प्राप्त किया।

बुद्ध का दर्शन उपनिषद् के आत्मा के पुनर्जन्म अथवा निर्वाण संबंधी चिंतन पर आधारित है। सुख या दुख हमारे कर्मों का फल होते हैं। जन्म एक विपत्ति है और यह आवश्यक नहीं है कि मृत्यु इससे छुटकारा दिलाए। उन्होंने चार शुद्ध सत्य कहे हैं–पीड़ा शाश्वत है, पीड़ा की जड़ में इच्छाएं हैं, मोक्ष पीड़ा से छुटकारा दिलाता है, इच्छाओं के त्याग से निर्वाण प्राप्त होता है। उन्होंने जातिभेद के विरोध में प्रचार किया है और उनकी शिक्षाओं के अनुयायी एक विशाल बंधुत्व का हिस्सा बन गए। उनका कहना था कि शरीर को पीड़ा देने वाली तपस्याओं और बहुमूल्य बलियों की अपेक्षा दान और स्नेह

सर्वोत्तम गुण हैं, जिनसे निर्वाण प्राप्त होगा। उन्होंने ईश्वर
या परमात्मा के विषय में कुछ नहीं कहा है।

बाद में, बौद्ध साहित्य ने बुद्ध को केंद्रित कर एक विशद
गाथा रच ली। बुद्ध की लालसाओं पर विजय को मानवीकृत
किया गया और माना गया कि कामदेव (अवगुणों या सांसारिक
भोग के देवता) ने यत्न किया कि बुद्ध को लुभा लिया जाए
या मार दिया जाए, किंतु बुद्ध ने सबके प्रयत्न असफल कर
दिए। रावण सहित अनेक दैत्यों से राम का युद्ध, उससे भी
कहीं ज्यादा संख्या में राक्षसों से कृष्ण का युद्ध और बुद्ध
की कामदेव पर विजय, ये सब उसी आवर्ती कथा के अंग
हैं, जो दुष्टता पर अच्छाई की विजय दिखाती है।

बुद्ध के अनुयायियों ने एक अभ्यास बना लिया कि उनके
शरीर के अंगों को प्रतिष्ठित करने वाले स्तूप या समाधियां
बना दी जाएं। बाद में उनके शिष्यों के तथा बोधिसत्व नाम
से प्रसिद्ध वरिष्ठ उपदेशकों के लिए भी ऐसे मठ बनाए गए।
इस प्रकार स्तूप लोकप्रिय अर्चना के केंद्र बन गए जो पूर्वी
तथा पश्चिमी भारत में जगह-जगह मिलते हैं। प्रमुख स्तूप
सारनाथ और सांची में हैं और प्रमुख मंदिर बोधगया में है।
माना जाता है कि श्रीलंका के कैंडी में बुद्ध का दांत स्थापित
है।

बुद्ध ने अपने अनुयायियों से अपनी मूर्ति की पूजा न
करने का आग्रह किया था। अतः प्रारंभिक काल में बुद्ध के
प्रतीक जैसे कि पीपल, उनके चरण चिह्न और धर्मचक्र पूजे
जाते रहे। बाद में ईसा की दूसरी शताब्दी में स्वयं बुद्ध की
ही मूर्ति पूजी जाने लगी। बुद्ध के अनुयायियों ने ईश्वर को

तो नहीं माना, लेकिन उस ख़ाली स्थान पर बुद्ध को स्थापित कर दिया। बौद्धों के लिए वही एकमात्र ईश्वर थे, जो उन्हें सत्यमार्ग सिखाने धरती पर आए। हिंदुओं के लिए वे विष्णु के अवतार होने के कारण हिंदू देवताओं की लड़ी में एक और देवता के रूप में मान्य हो गए।

निस्संदेह बुद्ध ने ब्राह्मण वर्ग को सुधारने का महान और सफल यत्न किया। बलि प्रथा सचमुच ब्राह्मणों में विलुप्त हो गई। लालसा और बलि के स्थान पर आत्मा के लिए श्रेष्ठ व भावी जीवन के लिए स्नेह और दान आदर्श बन गए। भले ही बाद के समय में इससे लोगों की हानि हुई, क्योंकि लूट व पराधीनता के लिए मार्ग खुल गए थे, लेकिन अहिंसा या युद्ध न करना लोगों के मन में बस गया। उनकी विचारधारा उपनिषदों को आचरण में उतारने की थी।

बुद्ध के द्वारा प्रचारित भिक्षुओं के ब्रह्मचारी जीवन की व्यवस्था का गहन प्रभाव पड़ा। आदि शंकराचार्य जो संभवतः सातवीं ईस्वी शताब्दी में रहे, ने भी पांच विभिन्न स्थानों पर ऐसी व्यवस्थाएं कीं। यद्यपि संपूर्ण भारत में अनेक दार्शनिक मत उपजे, किंतु उस समय के हिंदू धर्म में शंकराचार्य ही सर्वाधिक सशक्त प्रतिष्ठा पा सके।

बुद्ध के जीवन और उपदेशों ने हिंदुत्व का रूप नाटकीय ढंग से परिवर्तित कर दिया। निस्संदेह इस प्रक्रिया में उनका अमूल्य योगदान ही विष्णु के अवतारों में उन्हें स्थान दिला देता है।

कल्कि : अंतिम संहारक

यह दसवां अवतार है, जिसे अभी अवतरित होना है। यह माना जाता है कि कल्कि दुष्टता का संहार करेंगे और सद्गुण, शांति व समृद्धि को पुनःस्थापित करेंगे। जिस युग के हम वासी है, उस कलियुग का नाम उन्हीं के कारण पड़ा है।

विष्णु पुराण में कलियुग का भविष्य वर्णन किया गया है।

मगध में विश्वस्फटिक नाम से एक शासक होंगे, जो क्षत्रिय जाति को मिटा देंगे और मछुआरों, वनवासियों, ब्राह्मणों और अन्य जातियों को सत्ताधिष्ठित करेंगे। बहिष्कृत और वनवासी लोग सिंध, दारविक, चंद्रभागा और कश्मीर के शासक बनेंगे। ये शासक हिंसक और दुष्ट होंगे। वे महिलाओं तथा बच्चों को मार देंगे और लोगों की संपत्ति लूट ले जाएंगे। उनकी प्रगति व पतन जल्दी-जल्दी होगा और वे पवित्र मन वाले भी नहीं होंगे। नैष्किजन उपेक्षित रहेंगे और जो शासकों के अनुयायी बनेंगे, उनके जैसे स्वभाव वाले हो जाएंगे।

समृद्धि व आध्यात्मिकता घटेगी व संसार भ्रष्ट बनेगा। संपत्ति ही प्रतिष्ठा देगी और धन से ही स्वामीभक्ति पाई जा सकेगी। नर-नारियों में लालसा मात्र से संबंध बनेगा, महिलाओं का एकमात्र उपयोग ऐंद्रिक सुख के लिए होगा, झूठ पर आधारित न्याय व्यवस्था सफल हुआ करेगी।

धरती का सम्मान खनिज संपदा के कारण होगा। ब्राह्मण की परख आचरण से न होकर, जनेऊ से होगी। छल, निर्बलता, कुटिलता और आतंक का बोलबाला रहेगा। उपहार सामान्य अवसरों पर दिए जाया करेंगे, धार्मिक अवसरों पर नहीं। विवाह वैयक्तिक संपत्ति अर्थात श्रम से हुआ करेंगे और कपड़ों से

सम्मान मिला करेगा। दूर से आया पानी पवित्र माना जाएगा (न कि नियमानुसार, सभी स्वच्छ जल)।

आगे और भविष्यवाणियां हैं कि उपरोक्त सब सहन न कर पाने से लोग प्रकृति के बीच ही जा बसेंगे, प्राकृतिक भोजन करेंगे, सूर्य, पवन, वर्षा और शीत सहेंगे। जीवन-अवधि घटेगी और क्षरण बढ़ेगा, अंततः मनुष्य जाति नष्ट हो जाएगी।

जब वैदिक आचरण और न्याय का राज्य रुकेगा और कलियुग का अंत निकट होगा, तब कल्कि बालक का जन्म संभल ग्राम के ब्राह्मण विष्णुयश के परिवार में होगा। वह वनवासियों और चोरों का संहार करेगा और नैतिकता तथा पुण्य का शासन फिर से स्थापित करेगा। वे लोग जो अपने विचार और आचरण सुधार लेंगे, उन्हें एक मौक़ा और मिलेगा कि वे कृतयुग नाम के पवित्रता के नए युग का अंग बन जाएं।

शिल्पों और चित्रों में कल्कि को सफ़ेद घोड़े पर हाथ में तलवार लिए दिखाया गया है। कल्कि की पूजा करना कठिन है, क्योंकि अभी उनका आकार प्रकट नहीं हुआ है।

अन्य अवतार और प्राकट्य

यद्यपि विष्णु के दस अवतारों की कथा प्रचलित है, लेकिन उनके प्रकट होने की संख्या विभिन्न पुराणों के अनुसार बदलती रहती है। भागवत पुराण में बाईस नामों की सूची मिलती है :

- पुरुष—संपूर्ण सृष्टि के रचयिता, मूल अविनाशी अस्तित्व साक्षात परमात्मा। यह ब्रह्म का भी एक नाम है।

- वराह-अवतार रूप में।

- नारद मुनि—जो कृष्ण कथा के सूत्रधार हैं। कुछ ऋग्वैदिक मंत्र उन्हें अर्पित हैं। उन्हें प्रजापति कहा जाता है और ब्रह्मा का पुत्र माना जाता है। नारद ने वीणा का अविष्कार किया, वे गंधर्वों (स्वर्ग के वादकों) के प्रमुख थे। वे कलह कराने में कुशल माने जाते थे और इधर की बात उधर किया करते थे। किंतु वे न्याय-शास्त्र के महान लेखक भी थे और नारदीय धर्मशास्त्र के रचयिता भी थे।

- नर और नारायण—मानव और देवता का युग्म, कर्ता जो परमात्मा से पलता है।

- कपिल—एक अन्य महान ऋषि जो दर्शन की सांख्य शाखा के प्रवर्तक थे। जब सगर के साठ सहस्त्र पुत्रों ने अपने पिता द्वारा बलि के लिए नियुक्त अश्व को चुराने का आरोप लगाया, तो ऋषि ने दृष्टि मात्र से उन पुत्रों को भस्म कर दिया। फिर जब सगर के पुत्र अंशुमान ने कपिल ऋषि से प्रार्थना की कि उन साठ सहस्त्र पुत्रों को स्वर्ग मिले, तो उन्होंने अंशुमान को वचन दिया कि अंशुमान के पौत्र भगीरथ जब गंगा को धरती पर ले आएंगे, तो यह इच्छा पूर्ण हो जाएगी।

- दत्तात्रेय–ब्रह्मा, विष्णु और शिव के अवतार, लेकिन प्रमुखतः विष्णु के अवतार। कार्तवीर्य दैत्य ने उनकी पूजा की, तो इन्होंने उसकी सहस्त्र भुजाएं बना दीं। इनके तीन पुत्र थे, सोम, दत्त और दुर्वासा। इन तीनों को भी त्रिमूर्ति के दैवीय शक्ति का अंश मिला था। दत्तात्रेय के तीनों सिरों को त्रिमूर्ति का प्रतीक माना जाता है। उनके साथ चार कुत्ते रहते थे, जिन्हें चार वेदों का प्रतीक माना जाता है।
- यज्ञ–त्याग के प्रतीक और रुचि तथा दक्षिणा के पुत्र। इनका हिरण के सिर वाला शरीर है। शिव के पुत्र वीरभद्र ने ब्रह्मा के पुत्र प्रजापति दक्ष के यज्ञ में इनका वध किया।
- ऋषभ–अति प्राचीन काल में हुए राजा, जैन धर्म के प्रवर्तक और भरत के पिता। यह मेरु और नाभि के पुत्र थे और भरत समेत सौ पुत्रों के पिता थे। पुत्र को राज सौंपकर उन्होंने कठिन साधुता और तपस्या का जीवन बिताया। मृत्यु पर्यंत पश्चिम भारत में प्रव्रजन करते रहे। वे प्रथम जैन तीर्थंकर थे।
- पृथु–सूर्यवंशी राजा, माना गया है कि वे राजा बनने वाले प्रथम व्यक्ति थे। वे वेणु के पुत्र थे। वेणु एक दुष्ट राजा थे। प्रजा ने उनकी दुष्टलाओं के कारण ही उन्हें पीट-पीटकर मार डाला। उनके शव की दाहिनी बांह को मथने से पृथु जन्मे थे। पृथु ने धरती को जीवन दिया, अतः धरती का नाम पृथ्वी पड़ा। धरती को पृथु ने एक बछड़ा दिया और धरती का दोहन करते हुए पृथु ने अन्न और वनस्पति उगाए, जिनसे प्रजा का पालन किया गया।

- मत्स्य—मछली
- कूर्म—कछुआ
- धनवंतरी—विक्रमादित्य के राज्य में नौ प्रतिभाशाली नवरत्नों में से एक थे। (उस सूची में इनका नाम दो बार लिखा है)
- नरसिंह—सिंह मानव
- वामन—नाटे व्यक्ति
- परशुराम
- व्यास- महाभारत के रचनाकार
- राम
- बलराम
- कृष्ण
- बुद्ध
- कल्कि

अन्य पुराणों में निम्नलिखित अवतार भी लिखे हैं :

- हंस—पौराणिक हंस पक्षी। हंस कौन थे, उन्होंने क्या किया, यह उल्लिखित नहीं है।
- मोहिनी—विष्णु और शिव का मिश्रण। इन्होंने समुद्र मंथन के समय अमरता के पेय अमृत से ध्यान हटाने के लिए दैत्यों को आकर्षित किया था।
- धर्म, विद्वान और बुद्धिमान बैल- इन्हें प्रजापति भी माना जाता है। इनकी अनेक संतति थीं, जो वस्तुतः नैतिकता, बुद्धिमत्ता, सद्गुण व कर्मकांड का मानव रूप थे।

- सनत्कुमार—ब्रह्मा के मानस पुत्र। ये एक ऋषि थे और एक लघु अर्थात एक उपपुराण सनत्कुमार पुराण के लेखक थे।

- हयग्रीव—विष्णु ने दो दैत्यों द्वारा वेदों को उठा ले जाने से बचाने के लिए यह आकृति धारण की।

- मांधाता—इन्होंने विभिन्न जातियों के कर्तव्य निश्चित किए।

भागवत पुराण में कहा गया है कि विष्णु के अवतार असंख्य हैं, जैसे कि अनंत जलाशय से निकलती धाराएं। ऋषि, मनु, देवता, मनुओं के पुत्र, प्रजापति सब उसी के अंश हैं।

विष्णु के अनेक अवतार ऐसे हैं, जो उन अवतारों से संबद्ध क्षेत्रों के लिए विशेष रूप से लिए गए हैं। वे दयालु देवता के चरित्र और स्वभाव का परिचय देते हुए कहते हैं कि वे संकटग्रस्त भक्तों के उद्धार हेतु समय-समय पर धरती पर आते हैं।

- वैकुंठनाथ अवतार—कश्मीर, हिमाचल प्रदेश और हिमालय क्षेत्र के अन्य भू-भागों में अति प्रचलित हैं। उनके चार सिर हैं—नर, नारी, नरसिंह और वराह के। कुछ मंदिरों में यह आकृति पूजी जाती है। जैसे हिमाचल प्रदेश के चंबा के हरिराय मंदिर में।

- रंगनाथ—तमिलनाडू में त्रिचरापल्ली के निकट कावेरी और उसकी सहायक नदियों द्वारा बनाए गए द्वीप

(अरंग) श्रीरंगम के देवता हैं। यहां नारायण शेषशय्या पर लेटे हैं और चरणों में उनकी संगिनियां श्रीदेवी और भूदेवी हैं। श्रीरंगम मंदिर, दक्षिण भारत में वैष्णव पंथ का प्रमुख केंद्र हैं और दसवीं शती के वैष्णव उपदेशक रामानुज का प्रमुख केंद्र था।

- वरदराज–वरदान देने वाले। ये दक्षिण भारत में अति लोकप्रिय हैं और तगिलनाडू के कांचीपुरम मंदिर में इसी नाम वाले मंदिर के प्रमुख देवता हैं। मूर्ति का दाहिना हाथ भक्त को अभय देने की मुद्रा में ऊपर उठा है, बाएं हाथ की खुली हथेली नीचे संकेत करती है, मानो कह रही हो कि 'लो, ले जाओ।'
- पद्मनाभ–नारायण रूप में बहुधा मंदिर की दीवारों पर चित्रित दिखते हैं, जिनकी नाभि से कमल उगा होता है, जिस पर ब्रह्मा बैठे होते हैं। केरल के त्रावणकोर में पद्मनाभ मंदिर में यह मूर्ति है, जो प्राचीन त्रावणकोर राज्य के संरक्षक देवता थे।
- बालाजी, या वेंकटेश्वर, तिरुमल, तिरुपति के देवता– वे एक दयालु देवता माने जाते हैं, जो सर्वदा याचक भक्तों के मनोरथ पूर्ण करते हैं। बालाजी वर्तमान भारत के कदाचित सर्वाधिक लोकप्रिय और निश्चय ही सर्वाधिक धनी देवता हैं। उनके चमत्कारों की कथाएं अनंत हैं और भक्तों की भीड़ को आकर्षित करती हैं। तिरुमल में जुटने वाली भीड़ उनकी लोकप्रियता का प्रमाण है। पूरे भारत में बाला जी के अनेक मंदिर बन गए हैं, कदाचित इसी कारण उन्हें कलियुग का भगवान कहा गया है।

विष्णु और उनके अवतारों व प्राकट्यों के लाखों मंदिर भारत भर में उपलब्ध हैं। जैसा कि पहले कहा गया है, अनेक अवतार क्षेत्र विशेष के लिए हैं, उनमें से जो सबसे ज्यादा प्रसिद्ध हुए हैं, वे ही यहां वर्णित किए गए है।

लक्ष्मी

लक्ष्मी विष्णु की संगिनी है और श्रीदेवी नाम से भी जानी जाती हैं। कभी विष्णु एक संगिनी सहित प्रकट होते हैं, लक्ष्मी या श्रीदेवी और कभी दो श्रीदेवी और भूदेवी-धरती सहित। लक्ष्मी जगन्माता हैं, शाश्वत और सर्वव्यापी।

ऋग्वेद के अनुसार लक्ष्मी का अर्थ है सौभाग्य। तैत्तिरीय संहिता के अनुसार लक्ष्मी और श्री आदित्य अर्थात सूर्य की दो पत्नियां हैं, जिनका जन्म शतपथ ब्राह्मण के अनुसार प्रजापति से हुआ है। बाद के महाकाव्य युग में वे समृद्धि की देवी हैं, विष्णु की पत्नी।

लक्ष्मी की उत्पत्ति कथा सबसे पहले *रामायण* में वर्णित है। देवों और दानवों द्वारा समुद्र मंथन कथा में उनकी उत्पत्ति का वर्णन है। जब वे अमरता की आशा से क्षीर सागर मथ रहे थे, तब अनेक अद्भुत रत्न प्रकट हुए।

सुरभि गाय और मदिरा की देवी वारुणी के बाद देवतरू पारिजात, अप्सराएं अर्थात स्वर्ग की नर्तकियां, शीतल किरणों वाला चंद्रमा और तब आतंकारी हलाहल प्रकट हुआ। और तब प्रकट हुईं श्री, एक कमल पर आसीन। उनका स्वरूप इतना अद्भुत था कि ऋषिगण उत्तेजित हो गए, गंधर्व (स्वर्ग के संगीतज्ञ) गाने लगे और अप्सराएं नाचने लगीं। युवती रूप, कोमल नयन और सुंदर मोती जैसी चमक और सोने सी कांति, आभूषणों से जड़ित युवती रूप में श्री का वर्णन किया गया है। वे देवताओं की शासिका हैं, अपने हाथ में श्वेत कमल धारण किए, कमल पर विराजमान। वह क्षीराब्धि तनया हैं–दूध के समुद्र की बेटी। उनके अन्य नाम है लक्ष्मी–सुंदरता और धन की देवी, पद्मा या पद्मजा–कमल से उत्पन्न,

जलधिजा—समुद्र से उत्पन्न, चंचला—एक स्थान पर न टिकने वाली, श्री अर्थात समृद्धि और लोकमाता अर्थात संसार की जननी।

रामायण में भी वर्णन है कि लक्ष्मी अपनी इच्छा से एक सुंदर खेत में जन्मीं, जो हल से खोदा गया था। अतः उनका नाम सीता पड़ा।

विष्णु पुराण के अनुसार उनका पहला जन्म भृगु और उनकी पत्नी ख्याति की पुत्री के रूप में हुआ था। पुनर्जन्म में समुद्र मंथन में वे समुद्र से जन्मीं।

विष्णु की रक्षा करने की क्षमता के आठ रूप हैं, जिन्हें उनकी शक्ति कहा गया है। वे हैं:

- श्री देवी : धन और समृद्धि की देवी।
- भूदेवी : धरती
- सरस्वती : विद्या
- प्रीति : प्रेम
- कीर्ति : यश
- शांति : बाधा शून्यता
- तुष्टि : आनंद
- पुष्टि : बल

जब भी विष्णु धरती पर अवतार लेते हैं, लक्ष्मी भी शरीर धारण करती हैं, ताकि विष्णु की सहायता कर सकें।

विष्णु पुराण के अनुसार, विष्णु यदि देव रूप धरें, तो लक्ष्मी देवी बनती हैं। यदि वे मानव शरीर धारें, तो ये मानवी

बन जन्मती हैं। रहती वह सर्वदा विष्णु के संग हैं, स्वर्ग में या धरती पर।

इस प्रकार लक्ष्मी धरती माता हैं, जिन्हें वराह ने बचाया। वामन अवतार में वह पद्मा बन कमल से जन्मीं। भृगुवंशी परशुराम की पत्नी धरणी रूप में बनीं। राम अवतार में वे राम की पत्नी सीता या मैथिली बनीं, जिसे मिथिला के राजा जनक ने खेत जोतते समय पाया था। वे कृष्ण की पत्नी रुक्मिणी हैं और बुद्ध की पत्नी यशोधरा हैं।

लक्ष्मी की दो या चार भुजाएं होती हैं, सामान्यतया वे श्वेत कमल पर आसन और हाथ में कमल धारण किए रहती हैं। अष्टदल कमल पर विराजमान और दोनों ओर से एक -एक हाथी उन पर पवित्र जल चढ़ाता हुआ, उनका यह रूप गजलक्ष्मी कहा जाता है। इस रूप में कभी-कभी उनके हाथों से स्वर्ण मुद्राएं बरसती दिखाई जाती हैं। कभी-कभी उनका वाहन उलूक या उल्लू भी दिखाया जाता है। उलूक इंद्र का नाम भी है, जो देवताओं के राजा हैं। इस प्रकार समृद्धि स्वर्ग पर सवार रहती है।

श्रीदेवी और भूदेवी

लक्ष्मी का एक रूप श्री है, सौभाग्य और संपन्नता। दूसरा है भू, पृथ्वी, धरती। यह नाम पृथु के कारण पड़ा, जो वेणु पुत्र थे और धरती पर स्थापित किए गए पहले राजा।

विष्णु पुराण के अनुसार विष्णु ने वेणु को राजा बनाया, किंतु वह दुष्ट सिद्ध हुआ और उसने कर्मकांड तथा पूजाएं रोक दीं। ऋषियों ने उसे पीट-पीटकर मार डाला। किंतु संसार

को राजा तो चाहिए। इस कारण ऋषियों ने वेणु के शव की दाहिनी जांघ रगड़ी और फलस्वरूप दुष्ट निषादों के रूप में उनके पाप बाहर निकले। तब उन्होंने उसकी दाहिनी भुजा रगड़ी तो पृथु प्रकट हुए, जिन्हें विश्व का राजा बनाया गया।

उन दिनों अकाल पृथ्वी को नष्ट कर रहा था। तब प्रजा पृथु के पास आई और कहा कि पृथ्वी ने पौधे उगाने से मना किया है। पृथु ने धरती को धमकाया। पृथ्वी ने गाय का रूप धारण किया। पृथु ने उसे दुहा और अनेक प्रकार के अनाज और वनस्पतियां पाईं। धरती को गाय माना गया है और उसे दुहने को प्रतीक बनाया गया है कृषि कार्य और समृद्धि का। पृथु ने पृथ्वी को जीवन दिया, तो पिता बना और धरती पृथ्वी नाम से जानी गई।

पृथ्वी का शाब्दिक अर्थ भी है–विस्तृत, जो कि फैले हुए संसार या धरती का बोध कराता है। वह सभी प्राणियों की माता है और आकाश के साथ उसका आह्वान किया जाता है। तीन पृथ्वियां हैं–तीन स्वर्गों के क्रम में। हमारी धरती भूमि, भू या पृथ्वी कही जाती है।

कुछ कथाओं में समुद्र से लक्ष्मी की उत्पत्ति से पूर्व अलक्ष्मी प्रकट होती हैं, जो दुर्भाग्य का मानवीकरण हैं। ये लक्ष्मी से पहले जन्मीं। इसी कारण इन्हें ज्येष्ठा भी कहते हैं। ज्येष्ठा एक नक्षत्र समूह का भी नाम है। कभी-कभी इन्हें भू देवी भी कहा जाता है। अलक्ष्मी की उत्पत्ति का प्रसंग इस तथ्य पर बल देने हेतु है कि सौभाग्य और दुर्भाग्य संग-संग चलते हैं और दोनों दैवी नियति हैं। भक्त के लिए उचित है कि उन कर्मों को छोड़े, जो अलक्ष्मी का आह्वान करते हों और उन कार्यों पर ध्यान दे, जिनसे लक्ष्मी प्रसन्न हो।

लक्ष्मी का आह्वान कैसे करें?

प्रकाश, स्वच्छता, सद्गुण, दान, शांति लक्ष्मी को घर लाने में महत्वपूर्ण हैं। इनमें से एक या अधिक अनुपलब्ध हों, तो अलक्ष्मी आ जाती है।

घर या कार्य पा स्थल पर लक्ष्मी की कृपा पाने के लिए उनकी पूजाएं या प्रार्थनाएं की जाती हैं। व्यापारी वर्ग, मुख्यतः विक्रेतागण किसी भी महत्वपूर्ण घटना से पहले यहां तक कि साप्ताहिक या दैनिक आधार पर लक्ष्मी पूजा करते हैं। प्रकाश का पर्व और एक राष्ट्रीय अवकाश दीपावली प्रकाश और पटाखों के साथ लक्ष्मी के आह्वान का एक अवसर है।

लक्ष्मी विवाहिता महिलाओं की रक्षिका हैं। वे पति के दीर्घ जीवन का आशीर्वाद देती हैं और इस प्रकार महिला के मांगल्य, जो कि पति के जीवन और समृद्धि के साथ जुड़ा है, की रक्षा करती हैं। दक्षिणी राज्यों में महिलाएं वर–लक्ष्मी पूजा नाम से एक बहुत महत्वपूर्ण संस्कार मनाती हैं। वे लक्ष्मी के मुख की पूजा करती हैं, जो कि दीवार पर रंगा गया हो, घड़े पर चित्रित हो या पीतल, चांदी, सोने से बना हो और घड़े से संयुक्त किया गया हो। घड़े को चावल से भरते हैं और आम के पत्तों व नारियल से सजाते हैं। देवी को आभूषणों व सुंदर वस्त्रों से सजाया जाता है। वर–लक्ष्मी पूजी जाती हैं ताकि पति दीर्घायु हों और वैधव्य का अभिशाप दूर रहे।

राधा

विष्णु पूजा का विस्तार निस्संदेह रूप से राम और कृष्ण की लोकप्रियता से जुड़ा है। राम की संगिनी सीता तो स्वयं ही भूमि की पुत्री हैं, अतः भूदेवी का ही अंश हैं। कृष्ण की दो संगिनी थी—रुक्मणि और सत्यभामा, जिन्हें श्रीदेवी और भूदेवी का रूप कहा जाता है।

किंतु एक संगिनी और हैं—राधा। यह कहना कठिन है कि उनका प्रादुर्भाव वास्तव में कब हुआ या उनकी पूजा कब प्रारंभ की गई। प्रारंभिक साहित्य में उनका उल्लेख अनुपलब्ध है, *विष्णु पुराण* और *हरिवंश* में उनका वर्णन नहीं आता। कृष्ण और गोपियों (ग्वालिनों) की रसमय लीलाओं का वर्णन प्रथमतः नवीं शताब्दी के भागवत पुराण में मिलता है। किंतु वहां भी राधा उल्लिखित नहीं हैं। हाल की *सप्तशती* में और 580 ईस्वी के *ध्वन्यालोक* के एक छंद में एक सखी का उल्लेख आता है, जो कृष्ण की अतिप्रिय थीं। राधा की पूजा संभवतः निंबार्क ने प्रारंभ की, वे बारहवीं शताब्दी में हुए थे। निंबार्क के अनुसार राधा कृष्ण की शाश्वत संगिनी हैं, जो उनके संग वृंदावन में रहीं। राधा और कृष्ण के प्रेम को लोकप्रियता प्रथमतः जयदेव के *गीत गोविंद* से मिली, जो बारहवीं शती में बंगाल के सेन राजा लक्ष्मण के राज कवि रहे थे। दक्षिण के वैष्णवभक्तों ने उन्हें पूर्णतया भुला दिया। अब, राधा थीं कौन? क्या वे एक भक्त की कल्पनाशक्ति से उपजी थीं? या सचमुच थीं? संभवतः हम कभी जान नहीं पाएंगे।

वैष्णव पंथ

विष्णु को एकमात्र शक्ति और परमात्मा मानने वाले भक्तजनों से वैष्णव पंथ बना है। अपना वैयक्तिक देवता मान कर उन्हें पूजने का आरंभ सबसे पहले तमिलनाडू में ईसा पूर्व काल में प्रचलित हुआ, क्रमिक रूप से अलवार, नयन्मार, वैष्णव और शैव संतों के गीतों में। भक्ति शब्द सबसे पहले उपनिषद में आया, जहां कहा गया है कि भगवान को पाने के लिए सच्चे हृदय से समर्पण आवश्यक है। भक्त पूजा संबंधी सभी कर्मकांड छोड़कर केवल प्रपत्ति अर्थात अपने देवता के प्रति संपूर्ण समर्पण के सहारे मुक्ति या मोक्ष पाता है।

यह पंथ स्पष्ट रीति से ब्राह्मण पंथ के कर्मकांडों, उपनिषदों की दार्शनिकताओं, बौद्धों की निरीश्वरवादिता से भिन्न था, जिसमें प्रभु को प्रेम और गरिमा का केंद्र माना जाता था और वे भक्तों की रक्षा करते और उनकी कामनाएं पूर्ण करते थे। शिव या विष्णु भक्तों के संपूर्ण समर्पण के केंद्र बने।

वेदों में इंद्र सर्वोपरि देवता हैं और विष्णु वर्षा के देवता के एक मात्र सहयोगी हैं। यह तो ब्राह्मण ग्रंथों के समय संभवतः नारायण के आविर्भाव के बाद विष्णु पूजा का प्रचलन बढ़ा, जिसका तात्पर्य यह है कि अवैदिक देवता नारायण का महत्व इतना बढ़ा कि उन्हें वैदिक देवता विष्णु से जोड़ दिया गया। राम और कृष्ण जैसे लोकप्रिय नायकों को विष्णु नारायण की मान्यता देने से वैष्णव पंथ की बड़ी उन्नति हुई। और विष्णु के बहुत से अवतारों में वे स्थानीय देवों के रूप में भी जाने गए, जिनमें से कई हिंदुत्व से अलग के भी हैं। उन सबको मिला लेने से विष्णु का प्रभाव क्षेत्र और भी बढ़ जाता है और उनके अनेक भक्तों का समाज भी।

भागवत

वैष्णव पंथ से संबद्ध दार्शनिकता प्रकट करने वाला सर्वश्रेष्ठ ग्रंथ है—भगवद् गीता। इसमें भगवान कृष्ण ने कर्मयोग का सिद्धांत व्याख्यायित किया है। कहा है कि पुण्य कार्य करो, फल की कामना त्याग कर कर्म करो और अपने वैयक्तिक देवता के प्रति पूर्ण समर्पण रखो।

भागवत पंथ भागवत वासुदेव कृष्ण की पूजा से प्रारंभ हुआ, जिन्हें महाभारत में विष्णु का अवतार बताया गया है। भगवद् गीता में वर्णित दार्शनिकता पर इनकी आस्था थी। उत्तर भारत के मथुरा क्षेत्र में फैले वैष्णव पंथ का यह प्रारंभिक रूप था।

भागवत पंथ एकेश्वरवादी पंथ है, जहां परमात्मा या भागवत के प्रति संपूर्णता सहित एकाग्र भक्ति या प्रेम सिखाया जाता है। प्रपत्ति अर्थात प्रभु के प्रति संपूर्ण समर्पण में मोक्ष या आत्मा की जन्मचक्र से मुक्ति मानी जाती है। भागवत पंथ मानता है कि एकमात्र दैवी करुणा से ही ज्ञान और विवेक पाया जा सकता है।

भागवत पंथ में जाति, लिंग, जन्म के भेद नहीं माने जाते हैं। इसी कारण इसका भक्त समाज बढ़ता गया।

मैसेडोनिया के सिकंदर का अनुसरण कर पूर्व की ओर आए उत्तर भारत के अनेक यूनानी छत्रप भागवतपंथी बन गए थे। प्राचीन अवशेषों में से एक है दूसरी शती ईस्वी का स्तंभ, जो वासुदेव भागवत की प्रतिष्ठा में उनके भक्त हेलियोडोरस द्वारा बनवाया गया था, जो कि भागवतपंथी था। इस प्रकार से यह पंथ धीरे-धीरे बौद्ध का स्थानापन्न बनने लगा।

चौथी शती के गुप्त वंश के शासक विष्णु के भक्त थे और गरुड़ को उन्होंने अपना प्रतीक चिह्न बनाया। इससे भागवत पंथ के विस्तार में बड़ी प्रेरणा मिली। गुप्त वंशीय शासक साम्राज्य निर्माता थे और उनके संरक्षण में यह पंथ पूरे देश में फैला।

वैखानस

ऋग्वेद की तैत्तिरीय शाखा में ऋषि वैखानस का उल्लेख आता है। उनके द्वारा वैखानस पंथ चलाया गया, जो वैष्णव पंथ का पूर्ण कालीन महत्वपूर्ण संप्रदाय है। उत्तर भारत में इस पंथ का विस्तार भागवत जैसा नहीं हो पाया। इस पंथ का उल्लेख प्रमुखता से चोल शिलालेखों और उसके बाद के काल में मिलता है। दक्षिण भारत के महान वैष्णव उपदेशक रामानुज के उत्थान और उनके प्रयत्न कि ये कर्मकांड पंचरात्र पंथ, जिसके वे अनुयायी थे, के अनुकूल हो जाएं, भी असफल रहे और वैखानस आगम मिटा नहीं। आज भी, भले ही इस पंथ के भक्त संख्या में कम हैं, किंतु इनके मंदिरों की संख्या पंचरात्र आगम मंदिरों से अधिक हैं।

वैखानसों के अनुसार नारायण दोनों रूपों में हैं, निराकार भी, साकार भी और दोनों अभिन्न हैं। लक्ष्मी उनकी सार्वकालिक अव्यक्त ऐसी शक्ति हैं, जो नारायण के अवतारों के अनुरूप रूप धारण कर प्रकट होती हैं। वैखानस भागवतपंथियों के इस निष्कर्ष से असहमत हैं कि भगवान भक्त के हृदय में निवास कर सकते हैं। वैखानसों की दृष्टि में भगवान की मूर्ति

की पूजा प्रथम कर्तव्य है। वे संतों या मठाधीशों को नहीं पूजते, न ही वे अपने शरीर पर कुछ अन्य वैष्णव संप्रदायों की भांति विष्णु के प्रतीक धारण करते हैं। उनके कर्मकांड केवल संस्कृत भाषा में पूर्ण होते हैं। क्षेत्रीय भाषाओं में वे स्तुति नहीं करते। आज वे तमिलनाडू, आंध्र प्रदेश और कर्नाटक में सिमट कर लघु संपद्राय रूप में रह रहे हैं।

पंचरात्र

वैष्णवों का एक और व्यापक पंथ पंचरात्र नाम से फैला। पंचरात्र का अर्थ है पांच रातें, जो कि थोड़ा अस्पष्ट शीर्षक लगता है। सातवीं शती ईस्वी के अभिलेखों में भागवतों, जिन्हें विष्णु भक्त कहा गया है, और पंचरात्रों, जिन्हें विष्णुभेद कहा गया, के बीच मतभेदों और सैद्धांतिक अंतरों को प्रकट किया गया है।

वासुदेव कृष्ण और उनका परिवार पांच ब्रह्मांडीय रचनाओं का प्रतीक माना जाता है, जिन्हें व्यूह (आत्मा के बंधन) कहा गया है। वासुदेव, जो परमात्मा हैं, से संकर्षण विकसित हुए, जो कि बलराम का दूसरा नाम है। दोनों मानव की दृष्टि के लिए अदृश्य हैं। यह सृजन कालतत्व के प्रारंभ का है और प्रकृति या प्रारंभिक तत्व के नाम से जाना जाता है। दोनों के कारण प्रद्युम्न का जन्म होता है, जो कि कृष्ण के पुत्र हैं और मानव या मस्तिष्क का प्रतीक हैं, जिनसे प्रकट अनिरुद्ध, कृष्ण के पौत्र, जो अहंकार अथवा स्वत्व बोध के प्रतीक हैं। अब तीन गुण अथवा प्रवृत्तियां प्रकट हुईं। उनके साथ जन्मे ब्रह्मा, सृष्टिकर्ता। बाद के समय में एक और वृष्णिनायक,

जो कृष्ण के एक पुत्र थे, शंभ को प्रतीक बनाया व्यूह का और चार से पांच बन गए। भगवान विष्णु के पांच प्रतीक हैं—परा (निराकार, अदृश्य, परम), व्यूह (अदृश्य, समुद्र में लेटे), वैभव (प्रकट अवतार), अंतर्यामी (अदृश्य किंतु अपनी उपस्थिति का सदैव आभास देते हुए) और अर्चा (मूर्ति रूप में)।

पंचरात्र पंथ में आत्मा को परमात्मा से अभिन्न मानते हैं, लेकिन अस्तित्व में भिन्न मानते हैं। मुक्ति काल में भी आत्मा को पृथक ही मानते हैं, जिससे आत्मा परमप्रभु के सान्निध्य का आनंद उठा सके। पंचरात्र पंथ का जन्म कश्मीर में चौथी और आठवीं शती के बीच में हुआ था। इसकी परिणति तमिल अलवारों के भक्ति पंथ में और रामानुज के विशिष्टाद्वैत में हुई, जिन्होंने एकेश्वरवाद में भेद उत्पन्न किया और कहा कि परमप्रभु का अंश होकर भी आत्मा को रहना पृथक ही होता है।

अलवार

तमिल देश में एक वैयक्तिक देवता—शिव या विष्णु—की पूजा का एक नया चलन चला। इसमें सम्मिलित था प्रेम, पाप और अपूर्णता का एक बोध। भक्त विष्णु के प्रति अपना प्रेम और भक्ति अभिव्यक्त करता है, जिसमें जनक-जननी, अर्धांग के सहोदर और बच्चों के प्रति प्रेम मिला रहता है। विष्णु इसके प्रतिफल में भक्त के पाप मिटाते हैं और भक्त की इच्छाएं पूर्ण करते हैं। भक्त अनुभव करता है कि उसका समर्पण अधूरा है और पुनः प्रयत्न करता है कि विष्णु की सेवा और उनसे प्रेम अपनी संपूर्णता से कर सके।

अलवार विष्णु के तमिल भक्त थे। ग्यारह पुरुष और एक महिला मिलाकर वे कुल बारह थे, जो कि तीसरी और आठवीं शताब्दी के बीच रहे। उनमें से हर कोई एक-न-एक चमत्कारिक घटना से संबंधित रहा, जिसमें विष्णु ने आकर अपने भक्त को बचाया। उन्होंने अद्‌भुत काव्य रचनाएं कीं, जो *4000 दिव्य प्रबंधम्* के नाम से जानी गईं। शैव नयन्मार के साथ वैष्णव अलवार वैयक्तिक देवता के प्रति भक्ति के नए प्रारूप के प्रमुख प्रचारक थे। उन्होंने तमिल में उपदेश दिए, जो कि इस लोकप्रिय धर्म के अग्रदूत बने और स्थानीय संतों ने इनमें से अपनी भाषा और बोली में स्तुतियों की रचना कर उपदेश दिए।

पहले तीन अलवार थे--पोयगई, भूतम और पेय--जिनका अर्थ है आत्मा। चौथे, तिरुमलिसई एक योगी थे। सबसे महान थे नम्मालवर, जिन्होंने चार प्रमुख काव्य रचनाएं कीं--तिरुविरुत्तम, तिरुवसिरियम, पेरियातिरुवंददि और तिरुवई-मोलि--ये वैष्णवों में तमिल वेद के नाम से भी जानी जाती हैं। दक्षिणपंथी वैष्णव मत को प्रारूप देने में नम्मालवर की काव्य रचनाओं का बहुत योगदान रहा। कुलशेखर नामक छठे अलवार मालाबार के राजा थे, जो सैद्धांतिक आधारों पर मोहमाया त्यागकर श्रीरंगम चले गए, जहां उन्होंने विष्णु की प्रशंसा में सुंदर काव्य रचनाएं कीं। उसके बाद के अलवार थे--विष्णुचित्त या पेरियार और उनकी पुत्री अंदाल। अंतिम तीन थे--टोंडरदिप्पोदि, तिरुप्पनार और तिरुमंगई।

अलवारों ने दर्शन के बजाए भावनात्मक भक्ति छंदों की रचना की, जिसमें उन्होंने स्व-समर्पण की राह चुनी, जो जन्म आदि के बंधन से मुक्त हर व्यक्ति के लिए खुली थी।

आचार्य

अलवारों के बाद दक्षिण में आचार्य या गुरु आए, जिन्होंने अपनी शिक्षाओं का आधार संस्कृत और तमिल दोनों ही भाषाओं को बनाया। उन्होंने सत्य तक पहुंचने के लिए समर्पण, कर्तव्य और ज्ञान के तीन रास्तों को अनिवार्य माना। वे रूढ़िवादी ब्राह्मण थे, जिन्होंने कर्मकांडों, उत्सवों और श्रद्धा को स्थापित किया, जिसका अनुसरण बाद में वैष्णवों ने किया।

आचार्यों में पहले थे नाथ मुनि, एक पंचरात्रिक ईश्वर मुनि के पुत्र। ईश्वर मुनि ने ही ताताचार्यों के घराने की स्थापना की थी, जिसने वैष्णव पंथ के नियम-कानून बनाए। नाथ मुनि ने दिव्यप्रबंधम् को लुप्त होने से बचाया और उन्हें मंदिरों में प्रचलित किया। इस तरह तमिल को भी समान स्तर मिला। उन्हें श्रीरंगम मंदिर का पहला आचार्य या सर्वोच्च पुजारी नियुक्त किया गया।

दूसरे महान आचार्य थे नाथ मुनि के पोते यमुनाचार्य, जिन्होंने पंचरात्र विचारधारा की रूढ़ियों को स्थापित किया।

लेकिन इन सबमें भी सबसे महान थे रामानुज, जो ग्यारहवीं शताब्दी में हुए और जिनके पिता यमुनाचार्य के पोते के शिष्य थे।

रामानुज के बाद के काल में वैष्णव मत की दक्षिणी विचारधारा वेदांत देसिकार द्वारा प्रचारित वेदगलई या उत्तरी

शाखा और पाराशर भट्ट व पेरिया आचना पिल्लई द्वारा प्रचारित तेंगलई या दक्षिणी शाखा में विभाजित हो गई। उनमें विचारधारा सम्मत कई अंतर थे। एक तो भाषा के चयन को लेकर ही था। वेदगलइयों ने संस्कृत को वरीयता दी थी, जबकि तेंगलइयों ने तमिल को वरीयता दी। तेंगलई मत ने सभी जातियों के लोगों को अपने साथ सम्मिलित किया, उन्हें धर्मांतरण द्वारा पहले ब्राह्मण बना कर भी ऐसा किया गया। उनके आपसी मतभेद इतने ज्यादा बढ़ गए थे कि मंदिर के हाथी को कौन सा जाति सूचक चिह्न पहनाया जाना चाहिए, इस मुद्दे पर वे न्यायालय तक में लड़े, जिस पर अंततः लंदन के प्रिवी काउंसिल में निर्णय सुनाया गया।

वादगलई ने अहोबिला मठ की स्थापना की, साथ ही आध्यात्मिक नेतृत्व प्रदान करने वाली जियार नामक व्यवस्था की स्थापना भी की। दूसरी ओर तेंगलई मत के लोग चूंकि स्थानीय भाषा में उपदेश दे रहे थे और सभी जातियों के लोगों को शामिल कर रहे थे, इसलिए वे अपने धर्म को लोगों तक ले जा पाए और उन्होंने कहीं ज़्यादा लोकप्रियता पाई और अनुसरणकर्ता बनाए।

रामानुज

1017 ईस्वी में एक ब्राह्मण परिवार में जन्मे रामानुज ने उपनिषदों, ब्रह्म सूत्रों व भागवद् गीता पर टीकाएं लिखी हैं।

उन्होंने कर्मकांडों की आवश्यकता और उपनिषदों की
श्रेष्ठता को स्वीकार किया है, लेकिन यह भी माना है
कि मुक्ति का सर्वोच्च साधन विष्णु की भक्ति या समर्पण
और अपने स्व का त्याग करने से, उनकी महिमा और
करुणा में विश्वास रखने से मिलता है। उनके द्वारा प्रतिपादित
दर्शन को विशिष्टाद्वैत या एक वैयक्तिक ईश्वर अर्थात विष्णु
के साथ संशोधित द्वैतवाद कहा गया। आदि शंकराचार्य
के ब्रह्मांडवादी अद्वैतवाद और निर्लिप्त ब्राह्मण की तुलना
में रामानुज ने भक्ति के फलस्वरूप मोक्ष देने वाले
देवता वाले एक वैयक्तिक देवता की पैरवी की है। इसमें
भी रामानुज कहते हैं आत्मा के वैयक्तिक गुण मोक्ष
के बाद भी सुरक्षित रहते हैं।

रामानुज के विचार ही बाद में संपूर्ण भारत में भक्ति
के वैष्णव पंथ का आधार बने। अपने दर्शन का प्रचार
करने और टीका लिखने के अलावा, रामानुज एक महान
संगठनकर्ता भी थे। उन्होंने वैष्णव मत में विशिष्टाद्वैतवाद
के सिद्धांत का प्रचार करने के लिए चौहत्तर आध्यात्मिक
अध्यक्ष नियुक्त किए थे। उन्होंने अनेक गैर-ब्राह्मणों को
ब्राह्मण में परिवर्तित किया और उन्हें वैष्णव के तौर
पर ब्राह्मण पंथ के चिह्न और वस्त्र पहनने व परंपराओं
को निभाने के लिए प्रोत्साहित किया। उन्होंने कई राजाओं
जैसे कि यादवों और होयलों को भी वैष्णव पंथी के रूप
में परिवर्तित किया, इस तरह उन्होंने अपने धर्म के लिए
राजसी समर्थन भी निश्चित कर लिया।

माधव

तेरहवीं शताब्दी में केनारी के गांव में जन्मे माधव ने उपनिषदवादी परंपरा से विरक्त हो कर द्वैतवाद या दो तत्व का प्रचार करने वाले मत की स्थापना की। उन्होंने भगवान और आत्मा को अलग बताया और कहा कि विष्णु पवित्र और नैतिक जीवन जीने वाले लोगों को बचाते हैं, जबकि दुष्ट अनंतकाल तक शापित रहते हैं। उन्होंने भगवान के दूत के रूप में हनुमान को भी स्थापित किया।

जयदेव

वे केंदुली में रहने वाले एक बंगाली कवि थे। उस समय बारहवीं शताब्दी की अंतिम चौथाई अवधि में लक्ष्मण नामक सेन राजा का राज्य था। जयदेव ने सुंदर और लयबद्ध काव्य लिखा जिसे नाम दिया *पदावली। गीतगोविंद* और *अष्टपदी* जैसी अमर रचनाएं उन्होंने लिखी हैं। उन्होंने राधा और कृष्ण की प्रेमपूर्ण गाथा को आधार बना कर प्रेम के धर्म का प्रतिपादन किया।

चैतन्य

1485 और 1533 ईस्वी के बीच हुए श्री चैतन्य बंगाल के रहने वाले थे। अपने जीवन के प्रारंभिक वर्ष उन्होंने एक विद्वान और अध्यापक की तरह बिताए। बंगाल के वैष्णव पंथ

की उत्पत्ति माधवेंद्र पुरी गोस्वामी से हुई। उन्होंने अपने शिष्य ईश्वर पुरी गोस्वामी को शिक्षा दी, जिन्होंने श्री चैतन्य को दीक्षा दी। उत्तर में वृंदावन और दक्षिण में पुरी, जहां श्री चैतन्य ने अपने अंतिम वर्ष बिताए, बंगाली वैष्णववाद के केंद्र बन गए।

लोगों को कृष्ण की महानता समझाते हुए और लोगों का अपने धर्म में परिवर्तन करते हुए चैतन्य ने पूरे देश में यात्राएं कीं—दक्षिण में रामेश्वरम से लेकर वृंदावन तक, उत्तर में वाराणसी और प्रयाग और बंगाल में रामकेली तक। उन्होंने अपने जीवन के अंतिम अठारह साल उड़ीसा के पुरी में कृष्ण की प्रिया राधा के रूप में रहकर बिताए।

श्री चैतन्य के अनुसार ब्रह्म आलौकिक शक्तियों और गुणों के कारण शाश्वत और सर्वत्र है। वह ही कृष्ण है और अन्य सभी देवता और उनके नाम कृष्ण के ही रूपों को अभिव्यक्त करते हैं। कृष्ण का मानव रूप वास्तव में शाश्वत, सर्वत्र शक्तिशाली, आदर्श और मोहित करने वाला है। उनका रहने का स्थान वृंदावन है, जो कि चैतन्य भक्ति मार्ग का केंद्र बना।

चैतन्य ने भक्तों को चार वर्ग में विभाजित किया है: दास भक्त, सख्य भक्त या मित्र, वात्सल्य भक्त या अभिभावक और कांत भक्त या प्रेमी भक्त। अंतिम वर्ग सर्वोच्च है और राधा, जिनका प्रतिनिधित्व गोपियां करती हैं, इन भक्तों के लिए सबसे प्रमुख हैं। यह प्रेम प्रायः शारीरिक सुखेच्छा के तौर पर लिया जाता है। कृष्ण और गोपियों के बीच का प्रेम दो प्रेमियों के बीच निर्बाध प्रेम का आदर्श है। उन्होंने कामनाओं को एक आध्यात्मिक स्तर पर ऊंचा उठा दिया।

श्री चैतन्य ने कृष्ण के नाम के लगातार जाप को, उनकी लीलाओं का वर्णन सुनने को, कृष्ण को समर्पित वातावरण में रहने को, वृंदावन में रहकर उनके विग्रह को स्वयं कृष्ण मानकर उसमें विश्वास करने को महान महत्व दिया है। एक सच्चे भक्त में नम्रता, सहनशीलता, कट्टर शाकाहार, सचाई और सबसे ऊपर प्रेम होना अनिवार्य है। कृष्ण के प्रति पूर्ण और सार्वभौमिक प्रेम व सभी प्राणियों की सेवा अंतिम सत्य जानने का एकमात्र रास्ता है।

सत्रहवीं शताब्दी के अंत तक सहजिया संप्रदाय, जिसने गोस्वामियों का विरोध किया है, भी विकसित हो गया था। इस संप्रदाय ने एक पुरुष के जीवन में कई महिलाओं के लिप्त होने, मांसाहार और किसी भी तरह का स्व-अनुशासन न होने पर ज़ोर दिया। इसकी अंतिम परिणति वैरागी और वैरागिनी संप्रदाय के रूप में हुई, जो कि चैतन्य के पंथ के कलंकित होने और गर्त में जाने का कारण बना। इस शताब्दी में यह पंथ लगभग लुप्त हो चुका है।

शंकर देव

शंकर देव असम के वर्तमान नौ गांव ज़िले के अली पुखुरी में 486 ईस्वी पूर्व से लेकर 1568 के बीच हुए। उन्होंने संपूर्ण भारत की यात्रा की और वैष्णवों के विभिन्न सिद्धांतों की जानकारी प्राप्त करने के बाद वे वापस लौटे और उपदेश दिए।

शंकर देव भगवद् गीता से बहुत प्रभावित थे, उनकी सारी

शिक्षाएं उसी पर आधारित थीं। उन्होंने इस बात पर ज़ोर
दिया कि भक्ति या संपूर्ण समर्पण ही एकमात्र रास्ता होता
है। विष्णु को महापुरुष या सर्वोच्च सत्ता माना तथा ईश्वर की
प्रशंसा में कीर्तन या गीतों को पूजा की विधि बताया। जाप
के लिए सरल *हरे राम, हरे कृष्ण* उनका मंत्र था। चैतन्य की
तरह अपने साथी के लिए प्रेम भाव को भक्ति का सर्वश्रेष्ठ
स्वरूप मानने के बजाए शंकर देव ने दास भक्ति या सेवक
के प्रेम, जिसमें किसी पुरस्कार की आशा के बिना सेवा की
जाती है, को महानतम बताया।

शंकर देव को बौद्ध तंत्रिकों के विरोध का सामना करना
पड़ा। फिर भी कौक राजा नारायण और बाद में अहोम ने
उनकी शिक्षाएं ग्रहण कीं, इस तरह उन्होंने वैष्णव पंथ के
भक्ति और संकीर्तन आधारित असम संप्रदाय की स्थापना
की।

चैतन्य और शंकरदेव की भी शिक्षाएं मणिपुर जैसे सुदूर
क्षेत्रों तक पहुंचीं, जहां उन्होंने अपना अच्छा आधार बना लिया।

वल्लभ

वल्लभ सोलहवीं शताब्दी में कर्नाटक के बेल्लारी क्षेत्र के
तैलंग ब्राह्मण थे। उन्होंने भी गोपियों के प्रिय कृष्ण, राधा
जिनकी साथी थीं, की भक्ति की शिक्षा दी है। इस मत ने
कृष्ण की भक्ति के लिए विस्तृत कर्मकांड, उत्सव और भोज
को आरंभ किया। इसमें नैतिकतापूर्ण आमोद-प्रमोद पर ज़ोर
दिया गया।

इस संप्रदाय ने 'महाराज' के नाम से लोकप्रिय आध्यात्मिक पथ प्रदर्शक या गुरु को एक महिमा-मंडित पद प्रदान किया। भगवान को केवल गुरु के मंदिर या घर पर ही पूजा जा सकता है।

मोक्ष के लिए सांसारिक जीवन किसी तरह की बाधा नहीं है और गुरु भी विवाहित व्यक्ति थे, जो कि सांसारिक जीवन व्यतीत करते थे।

वल्लभ संप्रदाय गुजरात और राजस्थान के व्यापारियों में बहुत प्रचलित था, जहां यह लगातार विकास करता रहा।

विट्ठल पंथ

कर्नाटक में और बाद के महाराष्ट्र के मध्यकालीन संत पंढरपुर के विट्ठल के कट्टर भक्त रहे। विट्ठल कृष्ण का अपनी संगिनी रुक्मिणी को साथ लिए एक रूप है। यद्यपि पंढरपुर अब महाराष्ट्र में है, परंतु पहले यह विजयनगर साम्राज्य का एक अंग था, फिर मैसूर के राजा के अधिकार में आया। कृष्णदेवराय ने विट्ठल स्वामी का एक मंदिर अपनी राजधानी (अब हंपी, जो कर्नाटक में है) में बनवाया। विट्ठल दासकूटों अथवा हरिदासों के आराध्य थे। यह पंथ तेरहवीं शताब्दी में माधव के उपदेशों से प्रेरित था। पंथ का सीधा-सा सूत्र माधव के शिष्य नरहरीतीर्थ से और कर्नाटक में मूल बंगाल के पद्मनाभ तीर्थ मठ के महंत श्रीपदराज से जुड़ता है।

विट्ठल के प्रारंभिक भक्तों ने कन्नड भाषा में विट्ठल रूप में उस कृष्ण के भक्ति गीत लिखे, जिन्हें ज्ञान, भक्ति, आत्मसंयम और उच्च स्तरीय नैतिकता से पाया जा सकता है। दासकूट

संत विट्ठल का कोई एक पर्यायवाची नाम अपना लेते थे, जिसे मुद्रक या उपनाम कहा जाता था। ऐसा वे अपना समर्पण और विनयशीलता प्रदर्शित करने हेतु करते थे।

इस पंथ के प्रसिद्ध संत, जिन्होंने कन्नड में स्तुतियां रचीं, थे : श्रीपदराज, व्यासराज, पुरंदरदास, कनकदास, वादिराज, विजयदास और जगन्नाथ दास। दास परंपरा माधव द्वारा उपदेशित दो शाश्वत तत्वों के सिद्धांत द्वैतवाद को प्रकट करती है। किंतु इस पंथ में दार्शनिकता का पुट कम था, अधिक था पूजा पद्धति को पुनर्जीवित करने का आंदोलन। स्तुतियों में तर्क कम हैं, गेयता और सदाचरण की सीखें अधिक हैं।

मराठी में रचना करने वाले संतों में सम्मिलित हैं ज्ञानदेव, जिन्होंने 1210 ईस्वी में भगवद् गीता पर *ज्ञानेश्वरी* भाष्य लिखा। विट्ठल के भक्तों में नामदेव (चौदहवीं शती के अंत समय), एकनाथ (सोलहवीं शती के अंत में) और तुकाराम (सत्रहवीं शती) सम्मिलित हैं, जिन्होंने अभंग नाम के संगीतमय छंदों में रहस्यमय अनुभूतियों और विट्ठल के साक्षात्कारों के वर्णन किए हैं।

उत्तर भारत के मध्यकालीन रहस्यवादी वैष्णव

इस्लाम के आरंभ और समान पांथिक उथल-पुथल के कारण अत्यंत आवश्यक हो गया कि हिंदू विश्वासों के सत्य जाने जाएं। रामानंद ने इस लक्ष्य प्राप्ति का आंदोलन प्रारंभ किया। उन्होंने दार्शनिक अवधारणाओं को भक्ति आंदोलन और प्रपत्ति

अर्थात समर्पण के सिद्धांत से, जो दक्षिण में अपनी जड़ें जमा चुका था, जोड़ा। यद्यपि उनकी रचनाओं के बहुत से अंश उपलब्ध नहीं हैं, किंतु उनके उपदेश उनके आदर्शों से आकर्षित बारह प्रथम शिष्यों की रचनाओं में अमर हैं।

रामानंद ने एक ईश्वर का सिद्धांत सिखाया, जो जाति पंथ के आधार पर भेदभाव नहीं करता। यद्यपि उन्होंने ब्रह्म की उपासना की, उनके अनेक अनुयायी राम-कृष्ण के भक्त थे। राजपूत राजकुमारी मीराबाई कृष्ण की अडिग भक्त थीं, उनके नाम पर उन्होंने सुंदर पदों की रचनाएं की। महाराष्ट्र के नामदेव उनके अनुयायी थे, जबकि तुलसीदास जिन्होंने हिंदी पद्य में *रामचरित मानस* या *रामबाण* की रचना की, राम के भक्त थे। नेत्रहीन भक्त सूरदास ने बाल रूप कृष्ण भगवान की भक्ति में गीत रचे।

तेरहवीं और अठारहवीं शताब्दियों के मध्य अनेक क्षेत्रीय वैष्णव संत हुए, जिन्होंने इस्लाम और हिंदुत्व के अंतर को मिटाने का प्रयास किया, ऐसे एक ईश्वर का उपदेश देकर, जो जाति पंथ के भेद को नहीं देखता है। राम और कृष्ण ऐसे एकमात्र ईश्वर के प्रतीक बने, जिन तक अविचल प्रेम और भक्ति से पहुंचा जा सकता है। संत रहस्यवादी थे, जिन्होंने विष्णु या उनके किसी एक रूप के प्रति अपने निजी अनुभव जनसामान्य के संग बांटकर वैष्णवपंथ के प्रसार में योगदान किया।

वैष्णव पंथ का प्रसार

वैष्णव पंथ के प्रसार में संगीत और नृत्य का बड़ा योगदान

रहा है। कवियों ने प्रेम और भक्ति के जीवंत गीत लिखे। कलाकारों ने गद्य व पद्य मिश्रित हरिकथा नाम से रामायण और महाभारत की व्याख्याएं कीं। महाकाव्य सहज पहुंच और समझ हेतु प्रत्येक भाषा में अनूदित हुए। वैष्णवों ने ध्यान रखा कि इसे मातृभाषाओं में गाया जाए, जिसके कारण यह पंथ लोकप्रिय बना।

पंथ को लोकप्रिय बनाने का और मार्ग बने जात्राएं, पौराणिक नाटकों और कथाओं के मंचन। जात्राओं में निरपवाद रूप से असत्य पर सत्य की विजय दिखाई जाती थी। अतः नैतिक नियमों की स्थापना के वे महत्वपूर्ण साधन थे। उत्तर भारत की रामलीलाएं, बंगाल की जात्राएं और कर्नाटक के यक्ष गान ऐसी प्रस्तुतियों के कुछ उदाहरण हैं। इन्हीं का विस्तार कठपुतली नृत्य था, जिसमें राम-कृष्ण की कथाएं दर्शाते थे।

संकीर्तन नाम से लोग एकत्र होकर अपने प्रभु की प्रशंसा में कीर्तन या पूजा गीत गाते थे। तमिल अलवारों के दिव्य प्रबंधम्, जयदेव और चैतन्य के कीर्तन, तुकाराम के अभंग–भावपूर्ण कविता के ऐसे कुछ उदाहरण हैं, जिनमें राम और कृष्ण की प्रशंसा द्वारा वैष्णव संत जन सामान्य के हृदयों को छूने में सफल हुए।

अंत में, विष्णु के स्वर्ग मार्ग तक पहुंचने के लिए मूर्ति और पथ चिह्न भी प्रतीक बने। राजपूत काल की सूक्ष्म चित्रकारी में बाल भगवान कृष्ण और उनकी लीलाओं की कहानियां चित्रित हुई हैं। मंदिर मूर्तिशिल्प और चित्रकृतियों से सजाए गए जिसका उद्देश्य था कि इस पंथ के प्रति रुचि और आस्था बढ़े।

निष्कर्ष

विष्णु उतने ही पुराने हैं, जितनी कि भारतीय संस्कृति। उनकी पूजा पूरे देश में होती है और रामेश्वरम तथा वृंदावन, द्वारका तथा मणिपुर जैसे विभिन्नता वाले क्षेत्रों में वे एक साझा आदर्श और शक्ति रहे हैं।

विष्णु को लोकप्रिय नायक देवों, राम और कृष्ण के साथ एकरूप करने के कारण निस्संदेह उनके विकास और लोकप्रियता में वृद्धि हुई है। राम और कृष्ण हिंदू संस्कृति की नियंत्रक शक्ति रहे हैं, क्योंकि वे हिंदू समाज के सामाजिक और नैतिक मूल्य दर्शाते हैं। महाकाव्य देश के प्रत्येक भाग में जाने जाते हैं और प्रत्येक बालक के विकास का एक अभिन्न अंग हैं। विष्णु के अवतार के नाते, राम-कृष्ण विष्णु के परमपद या चरण कमल के अंतिम लक्ष्य तक की यात्रा का नेतृत्व करते हैं।

राम और कृष्ण की कथाओं को फैलाने में संगीत, नृत्य और नाट्य कलाओं के प्रयोग ने उनके लोकप्रियता बढ़ाई है। लोग रात्रिकालीन संगीत, नाटक, कठपुतली और नृत्य के लंबे कार्यक्रमों में बैठे रह कर इनका आनंद उठाते हैं, जिन सबका उपयोग लोकप्रिय पौराणिक कथाओं के प्रसारण में होता है।

विष्णु द्वारा क्षेत्रीय देवताओं से एकरूपता पाने की योग्यता ने भी उनकी स्वीकार्यता बढ़ाने में सहायता की है। जन समाज और पंथ, जो अन्यथा स्थिति में हिंदुत्व के प्रकोष्ठ के बाहर खड़े दिखते हैं, धीरे-धीरे लोकप्रिय पंथ में समाहित कर लिए जाते हैं।

निष्कर्षतः विष्णु की पूजा भक्ति मांगती है, प्रपत्ति और शरणागति या संपूर्ण निष्ठा और समर्पण, जिसमें और किसी देवता का विचार नहीं—मोक्ष के मार्ग हैं, जो आत्मा को सांसारिक जीवन और कामनाओं से मुक्त करते हैं। जीव या वैयक्तिक आत्मा इसे पाता है सेवा और विश्वास से, जो कि एक ऐसी स्थिति है, जिसमें जाति और पंथ के भेद मिट जाते हैं। भारतीय समाज के रूढ़ जातिग्रस्त ढांचे में यह एक निर्णायक क्षण होता है, जब व्यक्ति बंधनमुक्त होकर एक नए पथ पर बढ़ता है—एक पथ जिसके गंतव्य पर मिलते हैं विष्णु।